경영, 사람을 벤치마킹하다

일상에서 발견한 기업수명 연장의 지혜

경영, 사람을 벤치마킹하다

이성우 지음

안티쿠스
ANTIQUUS

경영,
사람을 벤치마킹하다

발행일 | 초판 1쇄 2016년 11월 10일

지은이 | 이성우
펴낸이 | 고진숙
펴낸곳 | 안티쿠스
책임편집 | 김종만
북디자인 | 배경태
CTP출력·인쇄 | 천일문화사
제본 | 대흥제책
물류 | 문화유통북스
출판등록 | 제300-2010-58호(2010년 4월 21일)
주소 | 03020 서울시 종로구 자하문로 266, 612호
전화 | 02-379-8883, 723-1835
팩스 | 02-379-8874
이메일 | mbook2004@naver.com
페이스북 | www.facebook.com/antiqqus

ISBN 978-89-92801-37-9 03320

이 도서의 국립중앙도서관 출판시도서목록(CIP)은 서지정보유통지원시스템 홈페이지(http://seoji.nl.go.kr)와 국가자료공동목록시스템(http://www.nl.go.kr/kolisnet)에서 이용하실 수 있습니다.(CIP제어번호:2016025631)

들어가는 말

필자가 처음 회사에 입사하여 사회생활을 시작한 지 어언 30년이 지나갔다. 첫 직무가 공장의 온갖 온도 제어 및 제품의 합격·불합격 판정을 하는 컴퓨터 프로그램을 작성하는 것이었다. 때는 1985년으로 당시의 우리나라 산업에는 컴퓨터를 이용하여 업무를 하는 곳은 찾아보기 힘든 상황이었고 매우 전문적이며 특수한 분야였다. 외국계 합작회사 기술을 도입하다 보니 시스템을 운영하기 위하여 외국의 전문 교육을 받았고 신기술을 접할 수 있는 기회를 갖게 되었다.

이렇게 특수한 분야에만 사용되던 컴퓨터가 슈퍼컴퓨터, 개인용 컴퓨터 등이 계속 출시되면서 기업의 전 분야에 업무 생산성을 향상시키기 위하여 활용되기 시작했다. 전산 프로그래머는 단순히 컴퓨터 언어를 사용하여 실행 파일을 작성하는 것에서 확장되어 기업의 업무들에 대하여 이해를 하고 문제점들을 분석, 개선하여 생산성을 향상시키는 일을 주도적으로 추진하게 되었다.

이 과정에서 새롭게 도입되는 경영기법을 실현 가능하게 해주는 조력자(Enabler)로서 정보시스템의 역할과 비중이 커지게 됐다. 따라서 많은 기업들이 혁신과 정보화를 추진하였고 이러한 확장은 전산 프로그래머들의 고유 영역을 벗어나면서 각 기업들의 업무를 이해하고 이를 개선하는 프로세스 전문가들이 필요로 하였으며 이들은 정보시스템보다는 경영 프로세스를 더 많이 이해하고 있어야 했다. 이름하여 프로세스 혁신 전문가들을 필요로 한 것이다.

필자의 경우 위에서 설명하는 과정을 몸소 직접 체험을 하게 되었다. 이 과정에서 제일 힘들고 어려웠던 것이 바로 경영의 프로세스를 어떻게 개선하고 전산화하기에 효과를 창출할 수 있는 것인지를 증명해야 하는 것이었다.

외국 선진기업들의 성공사례를 컨설턴트들로부터 전수받고 이를 경영진들에게 설명을 하였지만 서구의 경영기법들을 이해하기에는 먼 나라 이야기 또는 교과서에 나오는 얘기라며 멀리하고 받아들이기를 꺼려했다. 사실 서구의 경영기법들은 문제를 쪼개어 세분화시키면서 원인을 찾아 들어가는 방식으로서 전체를 보고 각 원인들 간의 조화를 주로 살펴보는 동양적 사고에 비하여 접근 방법이 정반대이므로 이해하기 힘든 부분이 있었다.

그러던 중 실제 우리 생활에서 벌어지는 일로 경영의 기법 설명을 시도하였는데 반응이 매우 좋았었다. 1990년대 말에 로버트 카플란과 데이브 노턴이 창시한 균형성과표(Balanced Score Card: BSC)가 유행한 적이 있었다. 기업이 전략을 실행하기 위해서는 4가지 관점에서 균형을 맞추면서 성장해 나가야 지속 가능한 성장을 할 수 있다는 것이다. 4가지 관점은 재무, 고객, 내부 프로세스, 학습 및 성장 관점이다. 각종 다양한 설명들이 쏟아져 나왔다. 재무관점에서부터 학습 및 성장 관점으로 인과관계로 전개해야 한다. 각 관점마다 대표 지표를 선정하고 대표 지표들을 드릴다운(Drill Down : 아래로 파고듦)하여 지표들 간의 인과 관계를 정확히 하면 성과지표만 보고도 경영 상태를 파악할 수 있고 전략의 실행 여부를 판단할 수 있다는 것이다.

그러나 지표들만으로 경영을 파악하기에는 한계가 많던 시절이었다. 양적 성장지표 위주의 경영을 하고 있는 상황에서 질적 성장지표를 보고 의사결정을 하는 것은 매우 이해하기 힘든 과정이었다. 지표들 간의 인과 관계 및 지표 자체의 의미조차 낯설은 상황이었다.

이때 활용한 것이 골프의 접목이었다. 기업마다 비전이 있다고 치면 아마도 골프를 치는 사람들 모두의 공통적인 비전은 싱글 핸디캡 스코어를 유지하는 것이다. 이를 달성하기 위해서는 BSC의 4가지 관점과 매치되는 퍼팅기술(재무관점), 숏게임 기술(고객관점), 아이언 기술(내부 프로세스 관점) 및 드라이버 기술(학습/성장관점)이 필요한 것이고 이 네 가지 기술이 어느 한쪽의 부족함이 없이 균형을 맞추어야 비전 달성이 가능한 것이고 실제로 PGA에서 활약하는 상위 선수들의 4가지 기술 스코어를 보면 모두들 균형있게 상위 스코어를 유지하고 있는 것이다.

위와 같은 비교 설명은 경영진들에게 실제로 경험하고 있는 골프를 통하여 경영기법을 현실감 있게 이해할 수 있었기에 호응이 매우 좋았었다. 이후 시간이 날 때마다 새로이 소개되는 경영의 기법 및 이론들을 어떻게 실생활과 접목하여 설명하는 것이 좋을지를 탐구하기 시작하였고 공학도였던 필자가 회사 생활을 통해 실무를 경험하면서 경영학 공부를 하게 되다 보니 통상적인 것과는 달리 경영을 바라보는 시각이 발전하게 되었던 것 같다.

경영진들의 고통을 덜어주고 또한 직원들이 기법에 공감을 해야 변화를 이룰 수 있으므로 쉽게 설명하는 것은 절대적으로 필요하다. 한때 스토리텔링이 유행한 적이 있다. 이야기 하듯이 설명을 해야 듣는 사람이 이해가 잘 되고 의사를 확실하게 전달할 수 있다는 것이다. 마치 할머니, 할아버지로부터 구전되어 오는 옛날 얘기를 오래 기억하고 이해하는 것과 같다.

이러한 준비를 하고 있던 차에 때마침 스카이데일리의 민병두 대표로부터 경영과 관련된 칼럼 연재를 제안받고 조심스럽게 접근하면서 지난 1년간 '이성우의 실전 생활경영'이란 제목으로 경영의 각종 기법, 기업 운영상 발생하는 문제들을 우리가 일상생활에서 경험하고 있는 현상들과 비교하여 경영의 본질을 나름 이해하기 쉽게 설명하며 연재를하였다. 이를 토대로 책을 출간하게 되면서 그 동안 연재되었던 칼럼들을 재구성하여 사람 중심의 관점에서 지속가능경영을 새롭게 제시하고자 한다.

과거 각종 경영기법들을 경험해 보면서 느낀 점은 처음부터 누군가가 경영기법들을 만들고 시작한 것이 아니었다. 제2차 세계대전 이후 미국 주도로 경제가 발전하면서 고도의 성장기를 거쳤고 이어서 신흥 세계 경제 강국으로 등장한 일본 기업들의 성장 과정을 보면서 그들의 성공 사례를 경영학자들이 분석하고 자신들의 깨달음을 기법화 하였고 이를 전파한 것이 대부분이었다.

일례로 우량기업들의 사례를 보고 경영학자가 자신의 이론을 소개하고 이렇게 했기 때문에 성공할 수 있었다고 요란하게 소개를 하였다. 하지만 정작 해당 기업에 근무하는 경영자나 직원들은 우린 처음부터 미리 생각하고 시작한 적이 없다. 우리는 항상 문제에 부딪히면서 계속 해결해 나간 것이라는 반응이다.

최근 경제가 어려워지고 불확실성이 커지면서 그 동안 알고 있던 경영학은 죽었다고 주장하는 사람들이 종종 등장한다. 필자는 경영학이 죽은 것이 아니라 '노병은 죽지 않는다. 다만 사라질 뿐이다'라는 맥아더 장군의 말에 보태서 '경영학은 죽지 않았다. 잠시 사라졌다 다시 돌아올 것이다.'라고 주장한다.

지금까지 대부분의 경영학 이론은 고도 성장기에 성공사례를 배경으로 만들어졌던 것이다. 사회 구조, 인구 구조의 변화, 부의 양극화 등 주위 여건이 변하였다. 더 이상 고도성장은 찾아 볼 수 없는 현실이다.

아마도 일본이 인류역사상 가장 먼저 그간 인류가 경험해 보지 못했던 인구 고령화의 폭탄으로 잃어버린 20년을 경험하고 있는 것을 참조해야 한다. 저성장이 일상화 되는 시기가 곧 도래한다. 당연히 고도 성장기에 활용했던 방법이 무용지물이 될 수밖에 없다. 시간이 흘러 다시금 고도 성장기가 오게 되면 누군가 먼저 사라졌던 기법들은 빨리 찾아내어 사용하면 경쟁력을 가질 수 있다.

고도성장기나 저성장기나 기업은 어찌 되었건 효율을 향상시키고 이익을 창출해야 한다. 아니면 망한다. 효율을 향상시키는 방법이 달라져야 한다.

고도성장기에는 시장도 커지고 수요도 증가하므로 아웃풋을 증가하여 효율을 높이는 방법이 훨씬 빠르고 효과적인 방법이 된다. 어느 정도 거품을 인정하더라도 다시 말해 중복이 발생하더라도 신속히 증설을 하고 하나라도 더 만들어 판매하여 이익을 만드는 것이다. 하지만 여기에는 중복을 얘기했듯이 인풋의 증가도 필수적으로 수반된다. 인풋 중에서도 설비, 재료, 자금 등이 주를 이룬다.

저성장기에는 시장도 정체가 되고 수요는 줄어드니 신규 수요 창출은 더 더욱 어려워진다. 이 상황에서 아웃풋을 계속 증가시키겠다는 것은 투입된 자원 대비 효율 향상이 저조하여 오히려 마이너스 (적자)를 불러오게 될 것이다. 긴축이 필요한 시기이다.

그러므로 인풋을 줄이는 노력을 해야 한다. 아웃풋이 고정되더라도 인풋이 줄어들면 효율은 향상된다. 바로 인식의 전환이 필요한 시기이고 이에 맞는 경영기법을 발굴해야 한다.

인풋 중에는 자금, 재료 등을 줄이는 노력도 필요하지만 기업의 핵심 자산인 사람의 관리가 중요한 요소가 된다. 특히 고도 성장기 말미에는 사람을 비용으로 보고 수시로 적자가 나면 정리해고를 했었다. 하지만 이제는 새로운 아이디어를 발굴하고 과거의 경험을 활용하기 위해서는 사람이 필요한 시기가 도래했고 더 이상 비용이 아닌 자산으로 간주해야 한다.

약 30여 년 전을 기억해 보면 이해가 빠를 것이다. 당시에는 기업을 운영하기 위해 필요한 사람을 확보하는 것이 최우선 과제였다. 누구나 인재를 확보하기 위해서 분주하였고 모자라면 내부에서 인재를 양성해서 확보하는 전략을 쓰기도 하였다.

이제 저성장기를 통과하면서 새롭게 다가올 성장기를 준비하는 과정이 바로 인재를 양성하는 것이다. 농부도 수확을 하고 나면 내년에 씨를 뿌릴 좋은 종자를 확보하고 고이 간직한다. 경제도 숨 고르기를 하면서 새로운 도약의 기회를 준비하고 있다. 우수한 종자를 확보해야 내년 농사를 보장할 수 있듯이 우수한 인재들을 양성해야 한다.

그러므로 저성장기의 경영기법은 어떻게 인재를 선발하고 관리할 것인지 초점을 맞추어야 한다. 생산성을 향상시키는 방법은 이미 보유하고 있다. 자원으로서의 사람 관리 그리고 확보된 인재를 통해서 어떻게 혁신을 하고 재도약을 할 것인지 방법을 찾아야 한다.

새로운 지속성장 모델은 기업을 의인화 하여 사람의 건강관리 기법을 기업의 프로세스 혁신과 접목시키는 것이다. 새로운 방법을 실행하기 위해서는 우선 인재를 확보하는 것이다. 인재가 확보되면 이들에게 맞는 내부 소통 방법을 개발하여 활성화 시키고 변화를 통한 혁신을 이루어 내는 것이다. 마지막으로 혁신의 성과를 유지하면서 다가올 리스크를 관리하는 순으로 저성장기의 사람 중심의 지속성장 가능 방법을 소개할 계획이다.

혁신이나 참신한 아이디어는 어느 날 갑자기 하늘에서 떨어지 듯 현재와 동떨어진 것이 아니다. 과거 축적된 경험을 밑바탕으로 점진적으로 개선하는 방법이 더 효율적이다. 사람이 경영의 중심이었던 과거를 되돌아보면서 현재 상황에 맞게 접목시키는 것이 실천하기도 용이하고 위험 부담도 적은 것이다.

마지막으로 본 책이 출간될 수 있도록 도움을 주신 분들께 감사함을 표하고자 한다. 칼럼 연재 초기에 초보였던 작가의 글을 다듬어 주었고 지금도 계속 도와주고 있는 스카이데일리의 최성규 기자께 감사를 드리고 북콘서트를 통하여 다양한 분야의 지식을 습득할 수 있도록 지원해 주신 자의누리 경영연구원 원장 서진영 박사에게도 고마움을 전합니다. 또한 칼럼연재 기사가 한 권의 책으로 변신할 수 있도록 많은 편집과 제작에 힘써주신 안티쿠스 김종만 대표께도 감사의 말씀을 드립니다.

2016년 10월 17일

아산 탕정에서

저자 이성우

|차례|

I 경영

- 인간 수명은 수십 년이나 늘었지만 기업 수명은 여전히 '30년'에 머물러 있다 21
- '결핍'은 가장 강력한 성공 동기, 비만한 대기업은 위험하다 24
- 번식 후에도 살도록 진화한 인류, 선대의 경험은 중요하다 28
- 수명 연장을 위해 기업도 건강관리가 필요하다 32
- 생명은 탄생·성숙·완숙의 과정을, 성공한 기업도 '고난의 선순환'을 거친다 36
- '현재단계As-Is' 파악이 성공 지름길이다 41
- 기업도 '정기 건강검진'을 해야 실패 위험 줄일 수 있다 44
- 초과이익에 연연하지 말고 절제를 아는 양생의 정신을 가져야 기업은 장수한다 47
- 제아무리 좋은 것도 내 몸에 안 맞으면 독이다 50
- 1등보다 나은 '2등 전략', 시행착오 리스크를 줄여라 54
- 음양이 조화를 이루듯이 전체와 디테일 다루는 균형잡힌 일처리 필요하다 58
- 스트레스와 역경, 피하지 말고 긍정적 변화의 계기로 삼아야 한다 61
- '마른수건 물기 짜기'식 원가절감은 몰락의 지름길이다 64
- 초과 달성에 목맨 한국 기업, 과한 목표는 '약' 아닌 '독'이다 67
- 위험한 유혹 분식회계, 준법경영·주주 권익보호 위해 강력법으로 종식시켜야 한다 71

• 이제는 '저지르고 보자' 대신 '깐깐해야' 효율이 높다 75
• 지속가능경영을 기업순환으로 풀어보자 79

II 인재

• 경영자, 인재 발굴을 위해서는 본인 수준부터 높여라 87
• 스펙 중심에서 벗어나 '사람에 의한 선발'로 전환하라 90
• '자신만의 패턴' 가진 인재에 '범인의 잣대'는 안 된다 94
• 적재적소에 배치하면 '열성인자'도 기업을 살린다 98
• 인격무시는 생산성 저하시키는 폭언이고 칭찬은 고효율의 지름길이다 101
• 카카오택시와 다면평가, 수평적 관계 전환으로 상호 존중의 조직문화를 형성한다 105
• 경영방식은 달라도 기업 최고자산은 '인재'와 '신뢰'다 109
• 경영의 본질은 '사람', 1명이 10만 명 먹여 살리는 시대 113
• 기업의 100퍼센트 달성 전략은 '110~115퍼센트 이내다' 117
• 리더의 역량이 글로벌 경쟁력 원천이다 121

III 소통

• 몸의 신진대사 모델 도식화 기업의 프로세스 접목 시 전체 최적화 경쟁력 높인다 129

• 기업의 소통 언어 '성과지표'로 고효율 창출한다 134
• 고삐의 본질은 소통, 긴축과 이완의 유연성이 있어야 한다 137
• 조직의 리더는 구성원과 신뢰를 최우선으로 생각하라 140
• 사장은 말(조직)에 탄 순간 말의 생각을 읽어야 한다 143
• 기업 경쟁력 높이는 개념적 언어, 경영자부터 배워라 146
• 기업의 '업무지도'가 막힘없는 일처리 돕는다 149
• '밀당'을 잘하는 경영에는 '연습과 도전'뿐이다 153
• 부서 이기주의는 전체의 효율성을 떨어뜨린다 157

IV 혁신

• 새로운 도약을 꿈꾸는 기업이라면 익숙한 것과 결별하라 165
• 기업은 '인체'와 같아서 혁신은 낭비를 없애는 일부터다 169
• 지금은 지식 대신 지혜 필요한 시대,
창조와 혁신을 추구하라 173
• 손엣가시를 없애야 손끝의 '창조경영'이 가능하다 176
• 혁신을 위해 비전문가, 외부의 수혈은 필요하다 179
• 혁신과 변화는 감성, 공감을 통해 유도해야 한다 183
• 오래된 사내 제도, 안 해도 되는 일부터 없애는 것이 '혁신' 186
• 의사결정은 데이터 아닌 사람 몫, 때로는 직관을 믿어라 190
• 한눈팔면 문제 발생한다. '기초'로 돌아가기를 두려워 마라 194
• '무주의 망시'는 '자가당착' 몰락의 지름길이다 197
• 휴식이 경쟁력이다, 쉬는 문화 정착이 창조경제의 시발점이다 200

V 시스템

- 자신의 이익·업무만을 보는 내부 문제 해법 외부에서 찾아야 한다 207
- 기업도 인체처럼 '유기적인 업무 해부도'를 갖춰야 한다 210
- 아웃소싱은 치명적 거부반응이 잠복된 기업의 장기이식이다 214
- 은행 번호표의 모든 관공서 확대는 '새치기'가 사라지고 '줄서기' 문화 기여했다 219
- 막대한 유·무형 이익 주는 '기업 정보시스템' 개발해야 한다 223
- 기업 정보시스템은 원활한 교통흐름 만들어 안전 운행을 유도하는 만능 도우미다 226
- 오행의 원리 속에는 기업의 정밀한 질서요소가 있다 230
- 기업에도 사람의 정(精)·기(氣)·신(神)·혈(血)이 있다 234
- 핵심 자원이 한쪽으로 쏠리면 기업 전체가 질식사 한다 238
- 경영시스템 100퍼센트 만족은 불가능, 해법은 '하이브리드'다 243
- 개인도 기업도 기억력 감퇴한다, 놔두면 악화, 예방해야 한다 247
- 기업의 운명 결정은 데이터 통합·분석으로 판단해야 한다 251
- 기업 정보 체계화는 능률, 생산성을 높이는 '지름길'이다 255
- 현대과학도 모를 '한치 앞', 유비무환의 태도가 필요하다 258

참고문헌 262

I. 기업

사람 중심의 지속성장을 위해
인재를 양성하고
내부 소통을 활성화 하여
변화를 통한 혁신을 이루어 내고
성과를 유지하면서 리스크를 최소화 한다

과학문명의 발달로 인류는 거의 모든 것을 정복할 수 있는 것처럼 기세등등하게 발전하여 왔다. 평균적으로 보았을 때는 분명히 성장한 것은 사실이다. 하지만 길게 보면 이 과정에서도 많은 것들이 사라지고 새롭게 탄생하는 부침과 순환이 있었다.

기업도 탄생, 성장, 성숙, 쇠퇴 및 소멸까지 반복되는 과정을 겪게 되어 있다. 그러나 어떤 기업은 장수하고 어떤 기업은 단명하는 것을 보여준다. 인류가 수명을 연장하기 위해 노력해왔던 것과 같이 기업도 자신의 인생경로를 이해하고 미리 대비하는 지혜를 발휘한다면 장수기업으로 발전해 나갈 수 있다.

인간 수명은 수십 년이나 늘었지만 기업 수명은 여전히 '30년'에 머물러 있다

우리는 기업 현상이나 문제를 설명할 경우 사람에 자주 비유한다. 사람과 기업은 하나의 유기체로서 생로병사生老病死를 겪는 공통점이 있기 때문이다. 인간이 태어나서 성장하다가 사망하듯이 기업 역시 태동기를 시작으로 성장기와 성숙기를 거쳐 쇠퇴기를 맞는다. 기업에도 부모로부터 보호를 받으며 편안하게 살 수 있는 인간의 유년기와 유사한 시기가 있다. 태동기는 창업자의 탁월한 능력이나 제품의 우수성에 기인해 커다란 외부 문제없이 성장 가능한 시기다.

인간이 성장기에 키가 커지고 몸무게가 늘 듯이 기업 역시 성장기에 이르면 규모가 커지고 직원도 증가하게 된다. 어린 시절 부모에게 의지해 문제를 해결하던 사람은 성장하며 자신의 문제를 스스로 해결하기 시작한다. 학교와 사회생활을 하며 자연스럽게 다른 사람들과 경쟁하게 된다. 기업 역시 성장기와 성숙기에 이르면 새로운 경쟁자가 등장하며, 시장 상황의 변화를 맞게 된다. 고객들은 새로운 경쟁자를 찾아 이탈하며 수익성은 예전보다 낮아지는 등 녹록하지 않은 상황에 처하게 된다. 이때부터 경쟁자 대비 원가경쟁력의 확보가 필수 요소로 등장하게 된다.

이를 위해서는 생산성, 가동률 등 전부분에 있어서 세밀한 관리가 필요하다. 품질관리 역시 까다로워지면서 경쟁사 대비 차별화를 위한 각종의 조치들이 시행되어야 하고 이를 관리 감독해야 한다.

사람이든 기업이든 성장한 후에 건강상의 문제가 생긴다는 점 역시 공통점이다. 물론 성장하기도 전에 불치의 병에 걸리거나 사고로 요절하는 경우도 있지만 대부분의 사람들은 성인병을 얻어 고통을 받기도 하고, 암이나 심장질환 등으로 사망하게 된다.

사람의 몸에는 여러 장기들이 있고 각 장기들은 소화, 혈액 공급 및 신진대사 등을 담당하고 있다. 이 중 혈액은 온몸을 순환하며 각 장기들 간 상호협력이 이뤄지도록 하는 중요한 기능을 한다. 이 혈액순환이 원활하지 않은 경우 인간의 몸은 이상 신호를 보내게 된다. 우리는 이를 '질병'이라고 부른다. 기업에는 '기업병'이라는 것이 있다. 기업 내 각 부서들이 상호 긴밀한 협조를 하지 않고, 부서 이기주의와 관리 부재 등의 이유로 순환(의사소통, 협업)에 문제가 생겼을 때는 질병이 발생한다. 기업 내 개별 프로세스들이 각자의 역할만을 소화하는 것을 '부분최적화'라고 한다. 그리고 기업이 수익을 창출하기 위해서는 연관된 부서들이 협력해서 전체 최적화를 이뤄야 한다. 그러나 기업들이 규모가 커지다 보면 커뮤니케이션 장애가 발생한다. 이를 방치할 경우 기업병이 발생하고, 궁극적으로는 파산에 이르게 된다. 그러므로 사람이나 기업이나 건강을 유지하기 위해서는 항상 내부에서 선순환이 이뤄지도록 노력해야 한다.

1900년 47.3세였던 인간의 평균수명은 1999년에는 77세로 늘어났다. 약 100년 사이에 평균 수명이 30세나 늘어났고, 조만간 100세를 넘을 것으로 전망된다. 반면 기업의 평균수명은 지금까지 수십 년간 30년 정도로 답보 상태에 있다. 오히려 경영 환경이 급박하게 변하고 있는 최근에는 단명하는 기업들이 증가하는 실정이다.

인간의 경우는 끊임없이 시행착오를 겪으면서 새로운 치료 방법을 발견하고 각종 질병들을 극복해왔다. 이 과정에서 사전에 질병의 가능성을 확인할 수 있는 토대를 마련하였다. 각종 건강검진이 그런 사례라고 할 수 있다. 또한 생활환경의 개선을 통하여 전염병 자체도 원천 차단하는 등 예방접종과 백신의 개발 등 다방면의 노력을 기울인 결과 상당히 많은 질병을 극복할 수 있었다. 반면 성숙기에 접어든 기업의 경우에는 외부로부터 침투하는 질병보다는 내부의 의사소통이나 기능 저하 등이 문제가 된다. 그러나 기업의 경우 사전 예방보다는 사후 처방에 관심이 더 많다. 왜냐하면 기업의 경우 내부를 들여다 볼 수 있는 장비가 부족하거나 아예 없기 때문이다.

문제의 실체를 확인하기 어렵기 때문에 기업은 지속적인 확장과 새로운 사업의 개척을 통해 문제를 해결하려고 한다. 더군다나 기업 수명이 인간의 평균 수명보다 짧은 것은 기업들이 고도의 성장 과정을 거쳐 거대 기업이 되면서 본인들이 영구히 생존할 것으로 착각하기 때문이다. 착실하게 성숙기를 대비하지 못한 기업은 쇠퇴기를 맞아 파산하게 되는 결과에 이르게 된다.

인간과 기업은 생로병사라는 공통점을 갖고 있다. 인간은 중년 이후 발생하는 내부 순환 관련 질병들을 극복해서 수명을 꾸준히 연장시켰다. 그러나 기업은 여전히 내부 문제를 해결할 적절한 치료법을 찾지 못하고 외부로부터의 질병을 차단하려는 악순환을 계속하고 있다. 이 때문에 기업은 인간처럼 평균 수명을 획기적으로 연장시키지 못하고 있는 것이다.

‘결핍’은 가장 강력한 성공 동기, 비만한 대기업은 위험하다

사회적으로 성공을 인정받는 사람들에게 당신이 오늘 이 자리에 있기까지 가장 크게 기여했던 것이 무엇이었는지 물어보게 되면 한결같은 공통적인 대답이 바로 결핍이었다는 것이다. 모든 것이 풍부하고 넉넉한 환경에서 성공한 것이 아니라 가난, 장애 등 부족한 것이 있었고 이를 극복하기 위하여 열심히 노력한 것이 성공의 열쇠였다는 것이다.

일반적인 우리의 생각과는 사뭇 다르다. 우리는 보통 주위의 도움이 없어서, 가진 것이 없기 때문에, 돈이 없어서 성공을 못하는 것으로 주로 남의 탓 또는 환경을 얘기한다. 하지만 성공한 사람들의 자서전이나 경험담을 들어보면 진짜로 부족한 환경에서 일구어 온 것을 확인 할 수 있다.

진화론 관점에서 우리 몸은 왜 결핍이 성공의 요인이었는지를 되새겨 보고자 한다. 우리가 어떻게 우리 몸을 운영하고 있는지를 알게 되면 이해가 쉬워질 것이다. 우리 몸은 과거의 채집과 수렵 생활을 하던 시기를 거쳐 오면서 유랑 생활을 해왔고 약 1만 년 전부터 농경 생활을 시작하면서 정착 생활을 하게 되었다고 한다. 정착 생활은 우리 인류에게 큰 변화를 가져다주었다. 특히 식량을 저장할 수 있게 되어 잉여 생산물이 생길 경우 그릇에 담아 두던가 하여 유사시를 대비 할 수 있게 되었다. 그러나 오늘날과 같은 풍부한 식량을 확보할 수는 없었고 기근과 홍수 등 온갖 자연재해를 극복해야만 하였다. 이 과정에서 인류는 항상 굶주림, 배고픔에 시달려왔으므로 간헐적으로 풍부한 먹거리를 확보하였을 경우 이를 어딘가 비축할 필요성을 느끼게 되었다. 창고에 저장하여도 상할 수밖에 없었고 대안이 필요했다.

자연스럽게 우리 몸에 저장하는 방법을 터득하게 된 것이다. 다름 아닌 현대인들에게는 필요악에 해당하는 지방인 것이다. 추위로부터 체온을 유지하고 먹거리가 없을 경우를 대비하여 지방을 저장한 것이다. 오래전부터 가을은 '천고마비天高馬肥'의 계절이라 하여 하늘은 높아지고 말이 살찌는 시기라고 하였다. 이를 풀이해 보면 다가올 추운 겨울을 대비하기 위하여 일부러 지방을 축적시키는 진화의 한 과정이라는 것이다. 사람도 가을이면 겨울을 대비하여 지방을 축적한다는 것이다. 이런 자연스런 과정을 거스르면서 다이어트를 하겠다는 것은 한번쯤 제고할 필요가 있겠다.

우리의 몸은 지방만 축적하는 것이 아니다. 우리 몸을 정상적으로 유지하기 위해 필요한 포도당, 단백질, 혈액 및 각종 호르몬 등도 해당된다. 오장육부의 오장은 저장하는데 관여하여 붙여진 이름이다. 피, 포도당, 글리코겐 등을 저장하였다. 출혈이나 이상 상황 발생 시 긴급 공급을 하면서 우리 몸의 신진 대사가 원활하도록 대비하는 것이다. 우리가 심한 운동을 하고 난 후 피로를 느끼게 되는 과정과 이를 회복하기 위하여 포도당이 필요한 과정 등에서 저장했던 영양분 등을 활용하는 것이다.

그러나 우리가 진짜 중요하면서도 우리 몸에 저장 못하는 것이 하나 있다. 바로 산소다. 우리 주변에 너무 흔하기 때문이다. 언제나 호흡하고 어느 곳에서고 얻을 수 있기 때문에 저장의 필요성을 못 느낀다. 아마도 우리의 생활환경이 산소가 부족한 환경으로 변화되고 생존이 필요하게 된다면 오랜 시간이 지난 뒤에는 산소를 저장했다가 유사시에 활용하는 능력을 진화시킬지도 모르는 것이다.

이야기의 주제로 다시 되돌아가면 결국 사람들이 성공하는 것은 넉넉한 자원을 가지고 땅 짚고 헤엄치기식의 삶이 아닌 부족한 것을 확보하고 새로운 것으로 대체하려는 노력이라는 것을 우리 몸의 운영과 비교하여 확인할 수 있다. 기업 경영에서도 모든 자원을 다 가지고 있는 대기업이 모든 것에서 성공하고 영원히 존속될 것 같지만 대기업은 내부의 순환 질병으로 인하여 결국 병들어 가고 제때 치료하지 못하면 존재가 사라지는 것이다. 애플의 창업자이었으며 아이폰, 아이패드 등의 발명을 통하여 우리 삶에 일대 변혁을 가져다 준 고 스티브 잡스도 생전에 강조하기를 "Stay Hungry"였다. 항상 배고픔을 유지하라는 것이었다. 우리가 일상생활에서도 쉽게 느낄 수 있는 것이 있다. 배부르고 등 따뜻하면 눕고 싶고, 누우면 자고 싶은 것이다. 또한 포식을 하였을 경우에는 만사가 귀찮고 움직이기 싫게 된다. 당연히 느려지게 되고 반응도 늦어진다. 반면에 배가 적당히 고플 경우에는 오히려 몸의 움직임은 빠르게 된다. 먹기 위해서라도 움직여야 하는 것이다.

기업 경영도 유사하다. 모든 것이 넉넉하게 되면 위험을 감수하려 하지 않는다. 현재 수준을 유지하려는 경향이 강해진다. 그러면서 이런 평온한 상태가 계속 유지되기를 희망하면서 겉으로는 이 상태가 계속 갈 것이니 문제 없다고 손을 놓게 되는 것이다. 그러는 동안 새로운 경쟁자들은 어디선가 숨어 있다가 갑작스레 나타나게 된다. 새로운 경쟁자들은 배고픔에 굶주려 있고 생존하기 위하여 발 빠르게 움직이는 것이다. 거대한 코끼리가 제일 무서워하는 것이 덩치가 비교도 안 되는 쥐라는 것은 익히 알고 있는 사실이다. 작고 민첩한 새로운 경쟁자가 거대 코끼리 기업에게는 가장 무서운 천적이 될 수 있는 것이다. 조직에 긴장감을 주라는 것이 바로 이런 문제를 미연에 방지하자는 목적에서 나오는 말이다. 그러나 때로는 긴장감이 공포로 변질되는 경우도 자주 볼 수 있다. 이 경우 오히려 사람들의 이탈을 경험하게 된다. 항상 무엇인가 부족함을 느끼면서 그것을 채우려는 노력을 하는 분위기를 형성해야 지속 성장할 수 있는 것이다.

기업에 따라서는 독점적 지위를 누리고 있으므로 외부 환경에 둔감하고 경쟁의 필요성을 못 느끼는 경우도 있을 것이다. 그렇다고 언제까지 이런 상태가 유지될 수 있다고 장담할 수 있을지 의문이다. 외부 환경이 안정적이면 내부에 사업부 간 내부 경쟁을 유발하여 긴장감을 주는 것도 한 방법이다. 우리가 학교를 졸업함과 동시에 책과 공부하고는 거리가 멀어지다가 시간이 지난 어느 날 다시 공부를 시작하거나 책을 보려고 하면 한동안 손에 잡히지 않는 것을 경험해 보았을 것이다. 일명 '감'이 떨어진다는 것이고 되살리는데 시간이 필요하다. 조직도 마찬가지로 생동감 있게 움직이던 조직이 고인 물처럼 안정적으로 있다 보면 새로운 변화를 시도하려 할 때 준비 운동에 시간을 다 허비하고 시기를 놓치게 된다. Stay Hungry는 항상 진행형이어야 한다.

번식 후에도 살도록 진화한 인류, 선대의 경험은 중요하다

지구상 모든 생명체는 진화의 과정을 거쳐 오늘날의 모습을 갖췄다. 그러나 더 넓은 관점으로 본다면 이 역시 진화의 일부분이라 할 수 있다. 앞으로도 진화는 계속될 것이기 때문이다.

동·식물이 살아가는 중요한 목적 중 하나는 '번식'이다. 하지만 이는 아무 때나 할 수 없다. 특정한 연령대 혹은 시기에 맞춰 이뤄지게 된다. 어떤 동물들은 생식을 끝냄과 동시에 죽음에 이르기도 한다. 대다수가 이렇진 않지만 생식이 끝난 후 죽음에 이르는 기간이 전체 생애 중 길지 않은 시간을 차지하는 것만은 사실이다.

이 같은 자연적 관점에서 바라본다면 인간은 조금 다른 생명체다. 어떠한 이유로 우리가 지금의 모습을 갖추게 됐는지 정확하게 알 수는 없지만 특정한 시기의 발정기가 있는 것도 아니며 신체적으로 생식 기능이 허락한 선에서 언제나 '번식활동'이 가능하다.

인간은 중년에 접어들면서 생식기능의 퇴화를 맞게 된다. 보통 이 시기가 지나면 자손 번식은 불가능해진다. 동물들의 경우 이 시기 이후 짧은 생애를 맞이하지만 인간은 긴 '노년기'를 맞는다. 번식활동이 불가해

졌음에도 비교적 오랜 수명을 누리게 되는 것이다. 다른 생명체들과 달리 유독 인간이 생식기능이 퇴화된 후에도 오랜 수명을 누릴 수 있게 된 원인은 무엇일까. 일부 전문가들은 '인간의 특성'이 반영된 진화였기 때문에 가능하다고 생각한다.

인간은 태어나 독립된 생활을 하기까지 언어를 배워야 하며 생활에 필요한 지식 등을 습득하는 시간을 갖는다. 부모의 도움을 받으며 살아가는 시간이 출생 후 10년 안팎이라는 점을 감안하면 생명체들 중 매우 긴 편에 속하는 것이다. 비교적 독립적 생활이 가능해진 직후에도 인간은 끊임없이 지식을 연마한다.

인간의 한 세대는 흔히 30년 남짓으로 본다. 이 기간 동안 성장해 자손을 낳고 종족 보존을 위한 일들을 한다. 만약 인간이 동물처럼 자손번식 후 곧이어 죽음을 맞이한다고 가정해보자. 만약 그랬다면 오늘날과 같은 문명을 누리기 힘들었을 것이다.

세대와 세대를 잇는 '연결고리'가 없기 때문이다. 연결고리는 다음 세대의 시행착오를 줄여주고 언어와 지식·지혜 등을 전달해주는 매개체라 할 수 있다. 하지만 인간의 유년시간은 매우 길다. 자연히 인류가 생식 후 곧바로 죽음을 맞는 생명체였다면 '다음'은 없고 그저 생명연장에만 매달렸을 것이 뻔하다.

전문가들은 이 같은 단점을 보완하기 위해 '중년'이란 시간을 활용했을 것이라고 추측한다. 다분히 지식의 전수를 통해 젊은 세대들을 가르치는 것은 물론 손자·손녀 등을 돌보며 부족한 노동력을 제공한다는 것이다.

기업도 수명 주기가 있다. 창업 후 기업이 성장하며 그 규모가 커질수록 시장은 성숙해 간다. 시장이 성숙해질수록 성장은 더뎌지고 결국 기업은 쇠퇴기를 맞게 돼 그 수명을 마감하게 되는 것이다. 조직구성원들 역시 이 과정 속에서 역량과 경험을 키우다보면 연륜이 쌓인다. 그러나 오늘날 새로운 기술은 나날이 발전하는 반면 역설적으로 노동력의 수요가 감소하고 경제발전마저 침체에 도달한다. 기업에서는 중년의 나이에 해당하는 연장자들에 대해 신기술 변화에 둔감하고 높은 인건비를 차지한다는 이유로 밀어내고 있는 것이 현실이다.

우리 인류의 진화과정을 되짚어보자. 젊은 세대들은 열정과 패기가 강점이며 이를 토대로 새로운 것을 추진해가는 데 유리하다. 반면 연륜에서 묻어나는 지식과 지혜는 부족한 것이 사실이다. 시행착오를 반복할 확률이 높은 것이다.

현재 우리나라의 중년을 이루는 세대는 '베이비붐' 세대다. 이들은 대한민국이 무에서 유를 창조해 경제를 일으키는데 함께 성장해 온 세대들이다. 짧은 시간에 다양한 경험을 했고 발전을 이룩한 세대다. 이들의 지식과 지혜를 활용해 현재 젊은 세대들에게 닥친 새로운 것을 만들어내기 힘든 경제상황을 타개해야 한다.

일본의 경우를 보자. 우리의 베이비붐 세대와 같은 '단카이(團塊: 1947~49년 사이에 태어난)' 세대가 은퇴를 시작할 무렵 일본 사회에서는 이들을 활용할 계획이 전혀 없었다. 마냥 늙을 수만은 없었던 단카이 세대는 동남아 국가들이 발전하는데 도움을 줄 수 있는 지식·지혜 등을 전수하기 시작했다. 동남아 국가들은 단카이 세대를 고문으로 활용하면서 좋은 대우를 내세우며 자국의 산업발전에 활용하기 시작했다. 현재 속속 은퇴를 시작한 우리의 베이비붐 세대와 그리고 우리 사회가 참고해야 할 사안이다. 일본의 사례를 반면교사로 삼아야 한다는 것이다.

지난해 개봉했던 영화 '인턴'을 보면 아이디어를 얻을 수 있다. 극중 은퇴한 70대 노인(로버트 드니로 분)은 인턴으로서 직장활동을 하며 자신의 강점인 아날로그적 감성과 업무 지식을 컴퓨터와 인터넷밖에 모르는 젊은 세대에게 전수해주는 모습을 보여준다. 이 영화를 통해 기성세대와의 조화 가능성을 엿볼 수 있다.

경험하지 못한 것을 설명해 줄 수 있고, 지식을 전수받을 수 있다면 극중의 여주인공(앤 헤서웨이 분)처럼 크나 큰 도움을 받을 수 있을 것이다. 중년 및 노인이 해야 할 일들이 바로 이런 것이다.

수명 연장을 위해 기업도 건강관리가 필요하다

사람은 보편적으로 오래 살고 싶어 한다. 기업도 마찬가지다. 생명체가 수명을 연장하기 위해서는 질병 발생을 미연에 방지하거나 사후 치료해야 한다. 인간은 수명 연장을 위해 지속적인 노력을 해왔다.

페니실린 등의 항생제를 개발한 인류는 이후 전염병, 기생충 등의 질병으로부터 자유로워졌다. 주거 환경과 위생 상태가 좋아지고, 농업 생산성이 높아지면서 영양 상태가 개선되자 평균 수명은 크게 늘어났다. 눈부신 의료 기술의 발달과 더불어 건강검진이라는 개념이 나왔다. 검진을 통해 우리 몸의 변화를 눈으로 확인하고 진단할 수 있는 검사 체계가 발달했다. 차트와 수치들로 건강 상태를 확인할 수 있게 되면서 예방의학이 발달했다. 의료기술이 발전하면서 검사 방법도 정밀해지고 다양해졌다. 건강검진은 우리 몸의 건강상태를 각종 의학적 수치로 보여준다. 이런 검진을 통해 몸의 이상 유무를 사전에 확인하고 대비할 수 있게 됐다. 사후 치료에서 사전 예방으로 의료의 개념이 전환되자 질병의 조기 발견율이 크게 늘어났다.

건강검진으로 중대 질병을 예방할 수 있는 길이 열리면서 인간의 평균 수명은 비약적으로 증가했다. 최근에는 유전자 분석, 인공장기 등을 통해 생존율을 높이고 있어 가까운 시일 내에 평균 수명 100세가 가능해질 전망이다. 이처럼 인간들이 질병을 치료하고 사전에 예방하여 수명을 연장하는 방법을 개발하는 동안 기업들 역시 사업의 지속성을 유지하면서 수명을 연장하기 위하여 끊임없이 노력해왔다. 기업이 성숙기에 도달할 때까지는 외형적인 성장에 중점을 두고 매출, 회사의 규모 등을 키우기는 것에 노력한다. 그러나 성숙기에 접어든 기업들은 외형적인 문제보다는 커진 조직의 복잡도 및 소통 부재 등의 내부 문제로 인하여 고통을 받기 시작한다. 문제는 이러한 내부의 문제들은 눈으로 보이지 않고 파악하기가 쉽지 않다는 것이다.

수명 연장을 위해서는 인간이나 기업이나 가시성(Visibility)을 확보해야 한다. 즉 어떤 병에 노출되어 있는지를 사전에 알 수 있어야 한다. 인간이 건강의 가시성을 확보하는 방법이 건강검진이라면, 기업의 경우에는 경영상태 지표 진단이다. 기업들은 경영상태 지표를 살피며 수명 연장을 위해 혁신을 이뤄나갔다. 인간은 건강검진을 발전시키면서 질병의 원인을 상세히 분류하고 측정 결과를 제공하게 됐다. 상세한 인과관계 및 잠재 증상을 통하여 사람들은 스스로 건강을 관리하기 시작하였다. 기업의 지표 관리도 비슷한 형태를 보이고 있다. 사전 관리를 잘한 기업들은 성공과 함께 오래 장수할 수 있었다.

미국의 포드자동차는 조립라인(Assembly Line)을 통한 대량 생산으로 작업자 및 시간당 생산성 향상을 이룩했다. 일본의 토요타자동차는 조립공정에서 발생하는 병목 현상을 개선하기 위해 새로운 공정을 도입했다. 선행 공정의 문제를 해결 후 후행 공정으로 넘어가는 라인스톱Line

Stop과 필요한 부품이나 재료들을 적기에 공급하여 사용하는 제이아이티(JIT: Just In Time) 개념을 도입해 재고를 최소화시켜 비용을 절감했다.

미국의 델컴퓨터는 제품을 미리 만들어 놓고 판매하는 방식에서 벗어나 제품을 고객으로부터 주문받은 후 신속하게 고객에게 배달하여 주문에서 배송까지의 시간을 단축시켜 고객 만족 및 재고 부담을 절약하는 생산방식의 일대 혁명을 가져왔다.

구분	비용절감	품질향상	리드타임 단축
생산방식	소품종 대량생산 · Assembly Line	다품종 소량생산 · Just in Time	개인화 · Supply Chain · Make to Order
선도기업	Ford	Toyota	Dell
Tool	· Automation	· TQM · Six Sigma	· BPR · ICT

*TQM(Total Quality Management), BPR(Business Process Reengineering), ICT(Information & Communication Technology)

이처럼 기업들은 공정혁신, 제조혁신, 기술혁신 등을 통해 생산성 향상, 고객만족 증진, 사업의 스피드 개선 등과 같은 경영혁신 활동을 지속적으로 해왔다. 이러한 혁신의 과정들을 수치화해서 살펴 볼 수 있다면 기업의 건강 검진표를 만들 수 있을 것이다. 이는 인간이 상세한 지표들을 가지고 인과관계를 밝혀 해당 지표와 관련된 질병의 증상까지 설명하는 건강검진표와 마찬가지이다.

과거에는 인간의 단순 건강지표에 해당하는 재무 중심의 핵심성과지표(Key Performance Indicator, KPI)로 기업을 평가했다. 손익이 안 좋거나 비용이 또는 부채가 높다는 식의 단순한 평가였다. 그러나 이런 재무지표들은 이를 구성하는 하부의 상세 지표들이 있고, 현장과 밀착하게 운영되고 있는 운영지표들이 있다. 정확한 진단을 위해서는 이들까지 상세하게 분석해 관리해야 한다. 이 과정을 '프로세스 혁신'으로 재조명할 필요가 있다. 프로세스 혁신을 제대로 하는 것이 바로 기업의 평균수명을 연장하기 위한 건강관리인 것이다. 건강관리는 사전에 하는 것이 좋고 또한 지속적으로 해야 한다. 체질과 습관을 바꾸지 않고 단순히 임기응변식의 수술이나 일회성 극약 처방식으로 진행하는 혁신은 같은 문제를 재발시키는 원인이 된다.

인간은 정기적인 건강검진을 통하여 평균 수명을 연장시키고 이전 세대들은 누릴 수 없었던 노후와 추가 인생을 즐기게 됐다. 기업은 제대로 된 프로세스 혁신을 통해 인간처럼 평균 수명을 연장하고 지속 성장할 수 있는 가능성을 마련할 수 있다.

생명은 탄생·성숙·완숙의 과정을,
성공한 기업도 '고난의 선순환'을 거친다

오행은 만물에 공통적으로 적용되는 자연의 이치다. 기업 경영에 오행을 반영해 혁신에 대한 이해를 높이고 적용할 방법을 찾고자 한다.

공간적 개념인 '목화토금수' 오행 간에는 순환 사이클(木→火→土→金→水→木)이 존재한다. 이 순환 사이클에는 서로 상생하는 사이클인 '목生화', '화生목', '토生금', '금生수', '수生목'이 있다.

위의 상생의 순서를 보면 나무부터 시작하여 시계 방향으로 순환이 된다. 나무는 불이 타도록 도와주고, 불은 나무를 태워 재를 만듦으로써 흙을 보태 주고, 흙은 쇠를 품고 보관하며, 쇠는 녹으면 물이 되고, 물은 나무가 성장하는 밑거름이 된다. 이 5가지 기능이 선순환善循環을 일으키는 좋은 구조인 것이다. 이해를 돕기 위하여 발산과 수렴의 순환 사이클을 나무의 성장과정과 비교하여 설명해 본다.

과일 나무를 예로 들면 우선 뿌리와, 줄기, 잎, 꽃, 열매로 구성이 되어 있다. 새싹이 돋아 땅을 뚫고 나오면서 줄기(木)가 형성이 되면 새로운 기운이 솟아난다. 줄기가 성장을 하면 다음은 잎이 달리기 시작한다. 잎은 태양의 빛과 광합성에 필요한 이산화탄소를 얻기 위해 불꽃이 발산하는 것과 같이 무성하게 잎(火)을 퍼뜨린다.

잎이 성장하면서 꽃을 피우게 된다. 꽃은 열매를 맺기 위한 준비 과정으로서 줄기와 잎으로부터 충분히 형성된 양기를 받아 꽃(土)을 피우고 수분이 성공되면 열매(金)를 맺기 시작한다. 이때부터는 발산이 아닌 수렴의 과정을 거치게 된다. 양의 기운에서 음의 기운으로 접어들면서 에너지를 저장하기 시작한다.

열매가 정상적으로 맺게 되면 남은 에너지들은 뿌리(水)에 응축하여 저장을 하며 새로운 봄을 맞이할 준비를 하고 새 생명 탄생을 위한 에너지를 확보하는 순환을 거치게 된다. 이러한 순환 과정이 정상적으로 이루어지는 오행을 상생 순환 과정이다.

- 전창선·어윤형, 『젊은 한의사가 쉽게 풀어 쓴 음양오행』, 세기, 1994.

'목화토금수' 오행 간에는 시계방향으로 진행되는 선순환과 방향이 반대인 악순환의 사이클도 존재한다. 특히 이 악순환 사이클은 상대방과 극하는(갈등하는) 상극 관계인 목克토, 토克수, 수克화, 화克금, 금克목(木↘土↘水↘火↘金↘木)이 있다.

그림에서 내부 화살표들의 방향을 살펴보면 나무는 흙을 뚫고 새로운 싹을 키우기 때문에 흙을 극한다. 불은 쇠를 녹이므로 이를 극한다. 흙은 흐르는 물을 가로막고 가둘 수 있으므로 물을 극한다. 쇠는 도끼로 비유할 수 있어 나무를 극한다. 물은 불을 끌 수 있으므로 이를 극한다는 원리가 성립된다. 상생관계에서는 흙을 매개로 화에서 금으로 이어지는 순환관계였지만 상극관계에서는 화에서 금 그리고 목으로 이어지는 역관계가 성립된다.

> 과일 나무를 다시 예로 들면 우선 줄기가 왕성하면 꽃으로 충분한 영양 공급이 이루어질 수 없으므로 꽃이 피기 힘들어진다. 꽃이 너무 많이 피어도 나중에 저장할 기운이 모자라 뿌리가 부실해진다.
>
> 뿌리가 부실해지면 줄기를 통해 잎으로 영양분을 충분히 공급해야 하지만 광합성에 필요한 에너지의 부족으로 잎이 무성해 지지 못한다. 만일 잎이 무성해지면 이 역시 에너지를 분산시키는 결과를 가져오므로 열매가 맺기 힘들어 진다. 열매가 맺히면 줄기는 시들어 진다. 이상이 오행의 상극관계에 대한 설명이다.
>
> – 전창선·어윤형, 『젊은 한의사가 쉽게 풀어 쓴 음양오행』, 세기, 1994.

잎이 무성하면 열매가 부실하다는 내용의 우화 사례 하나를 소개한다. 과수원을 경영하는 농부는 금년에는 과일나무마다 열매가 주렁주렁 달려 돈을 많이 벌 수 있도록 태풍이 오지 않기를 간절히 기도했다. 기도대로 그해에는 태풍이 하나도 오지 않았고 기후가 적절해 과일나무마다 열매가 무척 많이 달렸다. 그러나 수확 시기가 되어 과일들을 따던 농부는 실망을 하고 말았다. 과일마다 속이 비어 있었기 때문이다.

에너지를 집중하지 못하고 방만하게 발산을 했기에 속이 부실할 수도 있고, 나무들이 시련을 겪지 않았기 때문에 알차고 영근 과일을 만들 생각을 하지 않았기 때문일 수도 있다. 이유야 어떻든 이는 선택과 집중의 필요성을 강조하는 사례이다.

오행의 상생/상극 관계를 기업 운영 프로세스에 적용해 보기로 하자.

아래 그림을 보면 일반적인 오행의 상생/상극 관계를 보여준다. 여기에 오행과 접목된 기업 운영 프로세스를 그림으로 보여주고 있다.

실선은 목生화, 화生목, 토生금, 금生수, 수生목으로 이어지는 상생의

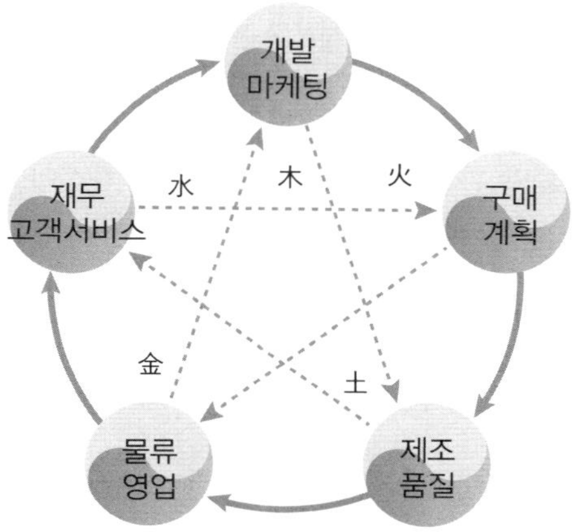

관계이다. 반면 점선은 목克토, 토克수, 수克화, 화克금, 금克목으로 이어지는 상극의 관계이다. 위의 그림을 통하여 필자가 새롭게 제시하는 프로세스 관계 다이어그램을 소개하고자 한다.

실제로 기업을 운영함에 있어서 개별 프로세스들의 우수성만으로는 균형을 이루지 못하게 된다. 마치 수력 발전소 댐의 수문의 높이에서 설명하는 것과 같다. 수문이 여러 개가 있을 경우 댐의 높이는 낮은 수문이 결정하는 것이다. 다른 수문들이 아무리 높더라도 결국 낮은 곳으로 물이 흘러가기 때문이다. 마찬가지로 다섯 쌍들의 프로세스가 편차가 적어야 최적의 효율을 창출할 수 있다. 특정 프로세스만 우수한 실적을 내고 나머지 프로세스들은 수준 이하의 성과를 낼 경우 하향평준화 되

어 낮은 곳으로 내려오게 된다.

프로세스 관계 다이어그램에서 설명하고자 하는 것은 나를 중심으로 주변의 프로세스 또는 부서들과 어떤 관계를 형성하고 서로 도움을 주고받고 피해를 줄일 수 있는지를 파악하는 것이다. 일반적으로 생각할 경우 대기업이나 우수 기업들의 경우 내부의 업무처리나 구성원들의 업무에 대한 이해 수준이 높을 것으로 기대하지만 실상은 거리감이 있다. 세분화되고 계층화된 환경에서 일을 하다 보면 자신이 하고 있는 일에 대해서만 알고 있을 뿐 자신의 일이 타 부문에 어떤 영향을 주는지를 이해하지 못하는 경우가 대부분이다. 그렇기 때문에 혁신을 하자고 강조하면서 프로세스들 간의 전체 최적을 추구해야 한다고 강조하는 것이다.

‘현재단계As-Is’ 파악이 성공 지름길이다

기업은 새로운 정보시스템을 개발하면서 두 가지 측면을 우선적으로 파악한다. 하나는 현재 상태의 수준을, 다른 하나는 개발이 완성된 이후 모습을 파악하는 것이다. 전자의 과정을 ‘As-Is’라 하고 후자는 ‘To-Be’라 일컫는다.

As-Is 단계는 현재 기업이 일하고 있는 방식을 정확히 파악하는 단계다. 하지만 이는 곧잘 누락되곤 한다. 해당 프로젝트의 결과를 서둘러 알고 싶어 하는 경영진의 재촉으로 As-Is 단계가 누락된 채 곧장 To-Be단계로 넘어가는 것이다. 부실한 As-Is단계를 거친 후 해당 정보시스템이 정식으로 오픈하면 반드시 문제가 생기기 마련이다. 하지만 이미 때는 늦어버린 후다. 현장 분석이 제대로 안 됐기 때문에 예측했던 것과 결과가 상당한 거리감을 갖게 되는 것이다.

대부분의 회사들이 정확한 자신의 수준을 인지하지 못한 채 경쟁사 혹은 선진사들이 하는 방법을 그대로 따라 To-Be를 설정하는 어리석음을 저지른다. 이럴 경우, 서류상으로 전혀 문제가 없지만 실제 결과는 이와 사뭇 다르게 나타난다. As-Is 단계가 부실했기 때문이다. 간과 당하기 일쑤지만 As-Is 단계는 상당히 중요한 단계다. 이 단계는 단순히 일하는 방법만 포함된 것이 아니다. 기업들의 창업 당시부터 현재까지 쌓아 온 관습, 경험, 방법 등이 포함돼 있는 것이다. 실제 시스템을 오픈하고 다양한 문제가 하나둘씩 불거져 나오는 가장 큰 원인은 As-Is를 소홀히 했기 때문이다. 장밋빛 희망만을 바라본 채 스스로의 문제점을 모르거나 덮어둔 채로 일을 진행했기 때문이다.

프로젝트는 인력과 자금만 투입된다고 해서 성공하는 것이 아니다. 특히 이 단계가 간과된다면 그 성공가능성은 현저히 낮아지게 된다. 프로젝트가 진행되면서 일부 인원들의 지식과 경험에 의존한 분석에 그치기 때문이다.

As-Is 단계를 간과하는 이들은 소크라테스의 '너 자신을 알라'라는 명언을 되새겨 봐야 한다. 매우 친숙한 문구지만 실천이 어려운 문구다. 하지만 자신을 파악하지 못한 상태에서 단순히 바라는 것을 목표로 설정하기만 한다면 성공적인 결과물은 결코 나올 수 없다. As-Is를 제대로 하기 위해서 우선적으로 해야 할 일은 '나 자신을 알아야 한다'는 것이다. 현재까지 하고 있는 일들을 빠짐없이 그려보거나 현재 보유하고 있는 표준 등을 재정비하고 또 하고 있는 일과 실제 사이의 차이가 없는지 점검해야 한다. 점검 과정에서 현실과 이상이 다르게 나타난다면 둘 중 하나는 과감히 포기해야 할 것이다. 그것이 성공의 지름길이다.

만약 법과 다른 판결이 이뤄진다면 사회는 혼란스러워질 것이다. 업무 역시 이와 마찬가지다. 실제 하는 일과 업무의 표준이 다르다면 이 역시 혼란을 야기한다. 직원들은 기준으로 삼을 것에 대한 판단을 내리지 못해 당황하게 될 것이며 일부는 표준을 무시한 채 자신만의 방법을 고수하다 사고를 터뜨릴 우려도 있다.

본질은 내가 하고 있는 일을 정확히 알고 있다면 다른 방법으로 바꾸려고 할 때 어떤 근본적인 변화가 필요한지를 알 수 있는 것이다. 문제가 있으므로 하지 말자는 것이 아니라 정확한 원인을 알기 때문에 대안을 찾을 수 있고 변화를 용이하게 할 수 있게 되는 것이다.

나 자신을 아는 것은 시간이 걸리고 자신의 성찰이 있어야 하듯이 기업도 자신의 내부 구조를 제대로 이해하기 위해서는 시간이 필요하고 각 구성원들이 자신들의 업무에 전문가가 되도록 해야 하는 것이다. 진정한 나를 알고 나면 혜안이 생기듯이 기업도 진정한 업의 본질, 내부의 문제를 이해하고 나면 새로운 길이 보이게 될 것이다. As-Is를 단순히 하나의 통과의례로 보지 말고 내부 성찰의 기회로 보아야 하는 것이다.

다시금 강조하지만 '기본으로 돌아가자'는 구호나 '너 자신을 알라'는 명언들에서 문제의 올바른 이해와 개선 방향을 수립하는 것이 문제 해결의 지름길임을 명심해야 한다. 한 단계 더 큰 도약을 하기 위해서 절대적으로 필요하다.

기업도 '정기 건강검진'을 해야 실패 위험 줄일 수 있다

의사들은 건강검진을 정기적으로 받을 것을 권장한다. 건강검진은 1950년대에 생긴 말이다. 선박들이 부두에 정박하면서 기계와 배의 상태를 점검하는 데서 유래된 것이다. 검진과정을 살펴보면 문진과 망진 그리고 검진의 단계로 이뤄져 있다. 문진은 기본적인 정보 및 생활습관 등을 통해 건강을 파악하는 과정이며 망진은 눈으로 보고 파악하는 것이다. 검진은 마지막 단계로 각종 검사기계들을 통해 구체적인 수치와 상태를 점검하는 것이다. 이를 통해 의사는 요하는 처방을 내리거나 필요한 사후관리를 조언한다. 자연히 병의 조기 발견이 가능하고 이에 걸맞은 치료가 이뤄져 수명 연장을 가능하게 한다.

기업도 이 같은 건강검진이 필요하다. 기업을 위한 건강검진은 비즈니스 프로세스를 관리하는 것이다. 이를 두고 '프로세스 혁신'이라 일컫기도 한다. 운영 중인 비즈니스 프로세스의 문제점, 품질, 원가 등을 점검해 부족한 부문을 발견하는 것이다. 하지만 이는 작은 개선이 아니다. 혁신이란 이름에서 알 수 있듯 큰 규모의 변화가 수반되는 작업이다. '관성'과 같이 계속 해오던 일을 급작스럽게 바꾸려 하다보면 저항이 생기게 마련이다. 원래대로 회귀하려는 유혹 또한 발생한다. 이 때문에 기업의 건강검진에서 가장 중요한 것이 바로 사후관리다.

다음 그림을 통해 두 가지 방법의 절차를 비교해 보자.

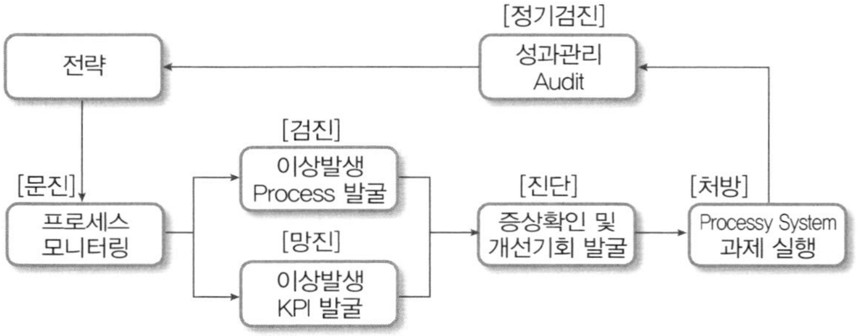

문진은 프로세스 모니터링에 비유할 수 있다. 프로세스의 수준을 진단하고 평가해 각종 체크 시트나 컨설팅을 통해 진단받을 수 있는 방법이다. 얼굴의 상태를 면밀히 분석해 몸의 상태를 파악하는 망진은 주요 지표들에 의한 수준의 진단 및 현상 파악이다. 경쟁사 대비 매출, 이익, 생산성, 원가, 납기 및 품질 수준 등을 비교할 수 있는 비재무지표 등을 확인하는 단계다.

검진은 망진에서 문제가 발생한 지표들과 관련 프로세스들의 현재 운영 수준을 점검하는 것이다. 예를 들어 경쟁사 대비 원가 경쟁력이 낮은 것으로 파악될 경우 원가 구성 요소별 재료비, 인건비 또는 재작업 비용 등에 대한 상세 분석을 실시해 원인을 찾을 수 있게 되는 것이다.

문진에서 망진에 이르는 진찰과정이 끝나면 과연 이 같은 문제의 원인이 무엇인지 진단이 필요하다. 비즈니스 프로세스의 문제점을 찾고 핵심

성과지표(Key Performance Indicator, KPI) 등을 통해 그 수준을 파악한 후 이를 개선해야 하는 것이다.

진단 과정은 검진에서 발굴한 설계 방안들에 대해 이를 적용했을 경우 어떤 효과가 발생할지 확인한 후 실행 가능성을 참고해 개선하는 단계다.

처방은 진단 과정에서 파악한 증상을 해결하기 위한 대안을 제시하는 과정이다. 문제를 발견했을 때 문제 자체의 원인에만 초점을 두어서는 안 된다. 수직적 인과관계뿐 아니라 수평적 협력관계를 동시에 고민해야만 발전된 해결 방식을 찾을 수 있다.

건강진단을 통해 증상들에 대한 원인분석이 이뤄지면 해당 프로세스들에 대한 개선 기회를 얻게 된다. 새로운 프로세스를 설계하고 시스템화 해서 적용할 수 있게 되는 것이다.

정기검진은 실행되는 모든 프로젝트의 과정을 점검해 통제 범위 내에서 관리되는지 수시로 확인해서 실패확률을 줄이는 방법이다. 이 과정이 향후 전략 수립에 피드백이 된다. 새로운 프로세스 발굴 및 수립에 반영될 수 있는 것이다. 또 이 과정을 통해 눈에 보이지 않는 무형의 자산을 키울 수 있을 것이다.

초과이익에 연연하지 말고 절제를 아는 양생의 정신을 가져야 기업은 장수한다

모든 이들은 건강하게 오래 살고 싶을 것이다. 장수만을 위해 병에 시달려 치료를 계속하거나 의료기기 등에 목숨을 연명하는 것을 원하는 이는 아무도 없다.

우리나라 평균수명은 꾸준히 증가하고 있다. 남성의 평균 수명은 72세이며, 여성의 평균수명은 80세다. 그러나 상당수는 사망 전 평균 10년 동안 병으로 병원 신세를 지는 것으로 나타난 바 있다.

한때 '9988234'란 말이 유행처럼 번진 적이 있다. 이는 '99세까지 88하게 살다 2~3일 아프다 죽자(4)'라는 뜻이다. 이처럼 아프지 않고 오래 사는 것은 모두의 바람이다. 그렇다면 아프지 않고 오래 살기 위한 방법은 어떤 것이 있을까. 정기적인 건강검진을 통해 몸의 상태를 수시로 점검하고 병 등에 대응하는 것도 좋은 방법이다. 하지만 이는 특정한 검사를 받아야 한다는 단점이 있다. 평상시 일상생활에서도 건강의 상태를 수시로 파악하고 관리할 수 있어야 한다.

우주 만물의 원리가 우주에서 태어난 우리들의 몸에도 동등하게 적용된다. 이 원리대로 몸 관리를 잘 한다면 병 없이 장수할 수 있을 것이다.

이 같은 사고방식을 양생이라 일컫는다.

사후 약방문이 아닌 아프기 전에 우리 몸을 순환하는 정精, 기氣, 신神, 혈血을 잘 관리해 인간의 기본적인 일곱 가지 감정 희喜, 노怒, 우愚, 사思, 경驚, 공恐, 비悲 등을 다스릴 수 있어야 한다. 병에 걸리지 않고 건강하고 오래 살 수 있도록 몸 관리를 잘 해야 한다는 의미의 양생은 앞서 설명한 것들을 다스리기 위해 음과 양의 균형이 맞을 수 있는 음식을 섭취하고 스트레스로부터 해방돼야 한다고 강조한다.

건강관리에는 여러 방법이 있다. 적절한 운동, 규칙적인 생활, 균형 잡힌 식생활, 정기적인 건강검진 등이다. 이들의 공통점은 몸의 상태를 미리 점검해 병을 미연에 방지할 수 있다는 것이다. 이것이 곧 '잘 먹고 잘 사는' 방법이다.

코스트코COSTCO는 매우 특이한 기업 문화를 갖고 있다. 대다수 기업들은 많이 벌면 벌수록 좋다는 일반적인 기준으로 항상 이익을 목표대비 초과달성해 기업 가치를 높이고자 한다. 하지만 코스트코는 적정 이윤을 달성하면 초과 잉여 이익으로 직원들에게 보너스를 주거나 제품의 가격을 낮춘다. 기업 가치 대신 직원과 고객을 위해 잉여이익금을 활용하는 것이다. 이는 이곳 사장의 경영방침이기도 하다. 자본주의 사회에서 보기 힘든 경영을 실천하고 있는 것이다. 자연히 직원들의 회사 만족도는 높을 수밖에 없다. 이직률 또한 낮다. 이런 직원들은 회사가 어려워질 경우 떠날 생각을 하기보다 남아서 어떻게든 회사를 살리려는 노력을 하게 될 것이다. 코스트코의 이익관리를 우리 식생활과 비유하자면 과식을 피한다고 할 수 있을 것이다. 아무리 맛 좋은 음식을 먹게 되더라도 내가 소화할 범위를 넘어서면 체하거나 배탈이 나게 된다. 동물들은 이를 잘 지킨다. 자신이 먹을 수 있는 만큼만 사냥을 한다. 하지만 인간은 소화제를 먹어가면서까지 자기 용량을 초과하는 식사를 한다. 자제 대신 욕심을 부리는 것이다. 이 같은 측면에서 보자면 코스트코는 절제를 할 줄 아는 기업이다.

세상 만물은 굴곡이 있고 순환주기가 있으며 성장과 쇠퇴를 반복한다. 통제되지 않은 이익의 급격한 신장은 성장속도가 멈췄을 경우 급락을 동반하게 된다. 다수의 기업들은 이를 해결하기위해 구조조정이라는 극약처방을 내린다. 사전 건강관리가 부실했기 때문에 수술로 해결하고자 하는 것이다. 기업들이 수술대까지 올라 선 까닭은 사전에 건강관리를 제대로 하지 않았기 때문이다. 미리 문제점을 파악하고 통원 치료 등을 통해 약물복용만으로 충분히 완치가 가능했을 것이다. 호미로 막을 것을 가래로 막게 됐다는 것이다. 건강관리의 왕도는 꾸준한 실천이다. 기업들이 건강관리라 일컫는 혁신을 추진하게 된다면 위 사례를 참조해야 한다. 소식을 통해 오래 사는 법을 연구할 필요성이 있다는 것이다.

일회성 혁신으로 건강한 체력을 확보하려는 성급함은 지양해야 한다. 무조건 양을 늘리려는 자세를 피하고 차근차근 지속적으로 인풋을 줄여 상대적으로 효율을 높이는 방법을 강구해야 한다는 것이다. 이것이 혁신의 속도를 점진적으로 높일 수 있는 길이다.

제아무리 좋은 것도 내 몸에 안 맞으면 독이다

이제마(李濟馬, 1837~1900)의 사상의학四象醫學에 따르면 사람은 타고난 오장육부의 형태에 따라 네 가지의 체질을 가지고 태어난다. 이 기준에 따라 사람을 태양인·태음인·소양인·소음인 등으로 나눌 수 있다. 하지만 타고난 체질은 성장 과정에서 섭취하는 음식에 따라 변해간다. 과잉 섭취와 편식으로 인해 체중이 증가하거나 몸의 균형이 깨지면서 본래의 체질과 멀어지는 것이다.

섭생攝生의 사전적 의미는 '병에 걸리지 않도록 건강을 잘 관리하는 것'이다. 하지만 실질적 의미는 '몸에 맞는 음식을 섭취해 병에 걸리지 않게 하는 것'이라 할 수 있다. 몸에 열이 많은 체질의 사람이 무작정 몸에 좋다고 더운 성질의 음식을 과하게 복용한다면 불에 기름을 붓는 것과 같은 결과를 초래해 병을 얻게 되는 것이다. 이를 방지하기 위해 자신의 몸을 우선 파악하고 부족한 것을 보충할 수 있는 음식 섭취가 이뤄져야 한다.

기업도 이와 마찬가지다. 남 좋다는 것을 무조건 따라하는 것보다 근본 원리를 이해하고 기업에 맞는지 여부를 확인한 후 실천하는 것이 좋다는 것이다. 선진기업이나 경쟁자들의 성공사례를 무분별하게 도입하다 보면 기업의 본래 체질에 맞지 않는 '센 기운'이 침입해 기업의 균형을 무너뜨리고 문제를 야기해서 전례가 없던 병을 만들어 내기도 한다. 이를 혁신추진 과정에 비유하면, 남의 체질에 최적화된 보약을 먹으면서 단기간에 내 몸이 건강해지기를 기대하는 것이다. 이는 애초부터 보약값만 날리는 무리수인 것이다.

한방에서는 체질에 맞는 처방이 중요하다고 강조한다. 어떤 병에 특정약을 처방하는 서양의료와 같은 일방적 처방이 아닌 환자에 초점을 맞춘 양방향 처방을 강조한다. 혁신을 추진함에 있어서도 무조건 선진기업을 따라하는 것은 부작용을 초래할 수 있다. 그렇다고 내것만 강조하다가는 자칫 세상과의 소통이 단절될 수 있다. 이 경우에는 체질 개선을 목표로 삼고 시간을 여유 있게 가져서 기본부터 다져나가야 한다. 국내 굴지 전자기업인 L은 과거 외국계 유명 컨설팅 회사로부터 경영 컨설팅을 받은 결과 기술 중심의 회사를 마케팅 중심의 회사로 변화해야 한다는 진단을 받고 수년간 컨설팅 결과대로 실천을 감행했다. 결과는 실망스러웠다. 경쟁사에게 계속 밀리는 상황이 전개된 것이다. 새로운 CEO가 등장해 다시 본연의 체질인 기술 중심으로 회귀하고 나서야 모든 것이 정상적으로 돌아갈 수 있었다.

컨설팅 자체의 옳고 그름을 떠나 내 체질에 맞는 진단과 처방이 매우 중요하다는 것을 알려주는 예다. 사람에게 있어 섭생이 중요한 것과 마찬가지로 기업도 스스로를 정확히 파악하고 난 후 변화를 시도할 필요가 있다. 가장 혁신적인 분위기를 가졌다는 미국의 3M은 과거 GE의 잭 웰치 전 회장이 주도했던 6시그마 운동에 영향을 받아 GE 출신의 임원을 영입한 바 있다. 하지만 3M의 바람과 달리 그가 재직하는 동안 결과는 정반대로 나타났다. 효율을 강조하는 6시그마 문화로 인해 혁신적 문화는 사라졌고 회사의 매출은 급감했다. 창의적이고 자유로웠던 체질에 효율과 질서를 중시하는 6시그마를 과하게 도입하려다 부작용을 맞은 것이다. 기업도 사람과 크게 다르지 않다. 자기 체질에 맞지 않는 음식을 섭취해 병을 얻게 되는 것과 같이 맞지 않는 기법을 도입하게 된다면 성과가 무너질 수 있음을 명심해야 한다. 벤치마킹을 실시하기 전에 내 체질과 맞는지 사전에 점검해 봐야 한다. 무작정 따라 하는 것보다 이해하고 적용을 해야만 한다.

한동안 수많은 외국의 경영기법들이 국내에 소개되면서 외국계 대형 컨설팅 회사들을 중심으로 각종 기법들을 구축하면서 변화를 주도하였다. 너도 나도 할 것 없이 안 하면 유행에 뒤쳐져 아무것도 안 하다가 경쟁에 뒤처지는 것처럼 앞다투어 도입하느라 분주했었다.

대기업들은 자금과 인력이 풍부하니까 단기간 내에 팀을 구성하고 혁신을 추진할 수 있지만 그 외 기업들은 자금, 인력 모두 넉넉하지 못한 상황이라 관망하는 수준이었다. 심하게 말하면 그간 진행되었던 많은 기법들은 대기업이 폼 잡아 본 일회성 활동들이 많았던 것이다. 그렇기 때문에 본질을 파악하기보다는 해보았다는데 만족하는 분위기이므로 진정한 벤치마킹이 안 되었고 내 몸에 맞는지 확인 과정이 부족했던 것이다. 앞으로도 기업들은 계속 벤치마킹을 해야 한다. 이제는 다른 산업이나 업종의 우수사례마저도 흡수해야 하는 상황이다. 혹자는 어떻게 산업이 다른데 적용할 수 있겠느냐는 의심을 가질 수 있다. 본질을 보지 못하면 당연히 그런 질문을 가질 수 있다.

왜 나이키의 경쟁자가 닌텐도가 되는지 생각해보자. 사람들이 야외 활동, 운동을 자주해야 신발이 더 팔릴 수 있는데 만약 게임기가 인기를 끌어 실내에 머무는 시간이 길어지면 나이키는 매출 기회손실을 가져올 수 있는 것이다. 변화의 본질은 무엇인지, 경쟁자로부터 배울 것은 무엇인지 드러난 현상 속에 숨어있는 핵심 동인動因은 무엇인지 파악한 후 이것이 과연 내부의 역량으로 구현 가능한 것인지 아니면 어떤 점을 보완해야 하는지 심층 분석한 후 벤치마킹을 해야 한다. 아무리 좋은 보약도 모두에게 좋은 것은 아님을 명심하기 바란다.

1등보다 나은 '2등 전략', 시행착오 리스크를 줄여라

일상생활에서 우리는 항상 1등을 좋아한다. 2등은 뭔가 1등보다는 부족하고 아쉬움이 남는 것으로 표현한다. 복권에서도 3등, 4등 당첨자들보다는 2등 당첨자가 스트레스를 제일 많이 받는다고 한다. 번호 하나만 더 맞혔으면 1등이었다는 아쉬움 때문이다. 기업 경영에 있어서도 1등이 모든 것을 다 차지 할 수 있으므로 항상 1등이 되는 것을 지상의 목표로 경영을 하는 기업들이 많다. 하지만 IT 업종과 같이 시장이 급변하고 불확실한 상황에서는 1등 전략보다 2등 전략이 더 유효한 경우가 있다. 이를 'Second mover advantage'라고도 표현한다.

새로운 제품을 제일 먼저 시장에 출시하게 되어 소비자를 확보할 수 있다면 기회 선점에 의해 거의 독점 수준의 시장을 장악할 수 있을 것이다. 그러나 이를 위해서는 소비자들의 반응이 어떠할지 불확실한 상황에서 신제품 개발은 실패의 확률도 높은 것이고 이를 위해서는 상당한 자원을 투입해야 하는 것이다. 이런 리스크를 줄이기 위해서 1등이 먼저 신제품을 출시하는 것을 보고 반응을 살펴보면서 시장이 형성되어 성장하기 시작할 때 재빨리 2등의 위치로 시장에 진입하는 것이 선발 기업의 시행착오를 통해서 2등의 리스크를 줄이면서 시장에 참여할 수 있는 것이다. 단, 이때 필요한 것은 민첩성이다. 많은 사람들이 얘기하고 있는 애플의 아이폰과 삼성전자의 갤럭시 사례가 좋은 예이다.

애플이 아이폰을 처음 출시하여 전 지구적으로 센세이션을 불러 일으켰다. 이전에 없던 새로운 혁신적인 제품이 나오면서 경쟁자들은 속수무책이었다. 이때 삼성전자는 갤럭시 시리즈를 소개하면서 재빨리 뒤따르기 시작했다. 이어서 자신들의 핵심역량인 공급망(Supply Chain)을 통하여 다양한 제품 개발 및 출시와 마케팅을 동원하여 단숨에 시장에서 주도적 위치를 차지하고 결국에는 세계 시장 점유율이 애플을 제치고 1위를 하게 되었다. 대조적으로 모토롤라, 노키아는 변화에 대응 못하고 사라져 간 것이다.

우리의 일상생활에서도 비슷한 사례를 찾아 볼 수 있다. 공중파 TV의 대표적인 방송사 MBC와 KBS가 있다. 최근 이 두 방송사들 간에 전개되어 온 시청률 경쟁을 보면서 2등 전략의 필요성을 확인할 수 있다.

MBC는 '나는 가수다'라는 음악 프로그램을 내놓으면서 사회전반에 신드롬을 불러 일으켰다는 칭찬을 들을 정도로 공전의 히트를 치면서 승승장구하고 있었다. 이에 KBS는 '불후의 명곡'이라는 프로그램을 내놓으면서 급조한 느낌이 들었지만 대응을 해왔다. 그러나 시간이 흐르면서 '나는 가수다'가 출연진들 간의 고음 대결 등 프로그램 내용이 단순화 되면서 갑자기 쇠퇴의 길을 걷게 되었다. 궁여지책으로 시즌 2를 대비한다고 하면서 방송을 마무리 지었다. 뒤늦게 시작했던 '불후의 명곡'은 과거 유명했던 음악인들 전설로 추대하고 이들의 옛 노래를 후배들이 다시 부르면서 향수를 돋게 하였고, 또한 젊은 가수들의 숨은 실력도 새삼 확인할 수 있었으며 다양한 장르의 음악을 소개하면서 단순히 출연진들 간의 극도의 경쟁이 아닌 매 곡마다 이기고 지는 것이 빨리 판명되면서 즐기는 분위기로 전개되었다. 그리고 무엇보다도 이 프로그램을 통해 무명의 신인들이 발굴되면서 신선함을 더 하게 된 것이다. 이후 '나는 가수다'는 시즌 2, 3를 후속으로 방송했지만 후발 주자였던 '불후의 명곡'을 제치기에는 역부족이었다. 2등이 1등의 부족함을 메우는 보완전략으로 생존하게 된 것이다.

MBC의 또 다른 예능 프로그램으로 '아빠 어디가'가 있었다. 연예인하면 뭔가 일반인들 하고는 다를 것 같은 막연한 호기심을 자극했지만, 막상 아이들을 돌보는 데 있어서는 그들도 일반인들과 같은 점을 공감하면서 엄마의 도움 없이 아빠와 아이들이 함께 여행을 떠나면서 겪게 되는 좌충우돌의 장면들이 시청자들에게 큰 반향을 일으켰다. 이에 대해 KBS는 '슈퍼맨이 돌아왔다'로 대응하면서 방송을 시작했다. 이번에도 역시 '아빠 어디가'는 먼저 종방을 하게 되었지만 쌍둥이, 삼둥이들이 등장하면서 아빠들과의 다양한 상황이 전개되는 '슈퍼맨이 돌아왔다'는 시청률 고공행진을 이어가고 있다. 공교롭게 두 프로그램이 모두 2등 전략의 우수성을 증명시켜 주고 있다.

결론적으로 말하면, 1등이 항상 최고의 전략인 것은 아니다. 인적, 물적 자원이 풍부한 대기업의 경우는 관료적인 조직의 특성상 벤처와 같은 발빠른 제품개발은 경쟁자보다 뒤쳐질 수 있지만 경쟁자가 시장을 형성하는 것을 파악하는 순간 2등 전략으로 시장에 진입하여 시장의 성장과 함께 신속히 기회를 움켜쥐는 것이 더 좋은 전략이 될 수 있다. 반면 중소기업의 경우 자신의 상황과 수준을 정확히 진단한 후 자신의 한계를 인정하고 2등 전략을 수립하여 생존하는 것도 행복한 2등이 되는 하나의 우수한 전략이다.

음양이 조화를 이루듯이 전체와 디테일 다루는 균형잡힌 일처리 필요하다

'나무만 보지 말고 숲을 봐라'와 '숲만 보지 말고 나무를 봐라'라는 표현은 비슷하지만 전혀 다른 뜻을 가지고 있다. 하나는 폭 넓은 시각을, 다른 하나는 디테일을 강조하는 의미로 사용된다. 이들의 경중을 가리는 것은 사실상 불가능하다. 모두 필요하기 때문이다. 폭 넓은 시각과 세심함 모두 균형을 맞출 줄 알아야 한다. '음양일원론' 역시 이와 맥을 같이 한다. 음양이 각각 별개의 개체가 아니라 한 개체 안에 함께 존재하며 필요에 따라 성질을 나타낸다는 의미다.

사람도 남녀 모두 남성호르몬과 여성호르몬 모두를 가지고 있다. 젊은 시절에는 각각의 성별에 맞는 호르몬이 강하게 표출되지만 노화가 지속되면서 반대성의 호르몬 비중이 늘어나기도 한다. 이처럼 전체와 부분의 조화는 자연스러운 현상이다. 택일할 것이 아니라 함께 생각해야 하는 것이다. 하지만 기업에서는 둘 중 하나를 택일하게 되면서 혼선이 빚어지는 경우가 다반사다.

디테일을 강조하는 경영자는 매사를 꼼꼼히 따진 후 손수 결정하고 지시를 내린다. 경영자 본인 입장에서는 뭔가 일을 많이 했다는 뿌듯함과 조직 장악력을 느낄 수 있겠지만 이는 많은 문제를 야기하기 마련이다. 이는 직원들의 일을 뺏는 것과 다름없다. 경영자로서 자신에게 주어진 본연의 일 대신 직원들이 해야 할 일에 간섭하게 된 것이다. 경영자 본연의 업무는 관리다. 경영자는 일반 사원들보다 기업 내 많은 정보를 가지고 있는 만큼 전체를 관리하는 역할을 해야 한다. 하지만 일부 단기 업적에 매달리는 경영자들은 이처럼 직원들의 일을 빼앗으며 디테일에만 매달린다. 직원들이 선택을 못해 우물쭈물 하는 경우 경영자가 나서 해당 혼란을 정리해주는 것은 바람직한 모습일 것이다. 하지만 매사에 참견하려 든다면 적지 않은 문제를 야기시킬 것이다.

발레를 하는 발레리나나 발레리노들은 몸동작을 강조하기 위해 타이트한 의상을 입고 무대에 오른다. 이 때문에 발레에 익숙하지 않은 이들이 관람하게 되면 때때로 눈을 어디에 두어야 할지 난감한 경우가 있다. 필자 역시 그랬다. 처음 발레를 접할 때 특정 부위의 돌출된 모습으로 공연에 집중하지 못했던 것이다. 하지만 몇 차례 관람을 이어가면서 그들의 몸동작을 살피게 됐고 그 몸동작과 음악의 조화를 느끼게 됐다. 발레리나와 발레리노가 손끝 발끝 하나까지 이용해 표현하려는 감정을 좇다보니 점차 발레의 매력에 빠져들게 됐다. 특정 부위 탓에 집중하지 못하다 무용수들의 큰 동작을 통해 흥미를 갖게 됐고 점차 그들의 작은 움직임까지 집중하게 되면서 그들이 진정 표현하려는 본질을 느낄 수 있게 된 것이다. 이 과정을 통해 필자는 전체와 부분의 조화에 대해 깨달을 수 있었다.

우리가 눈으로 보는 세상과 현미경·망원경으로 보는 세상은 각기 다르다. 망원경으로 본 세상은 눈으로 보는 세상보다 더 넓을 것이며 현미경으로 보는 세상은 육안보다 섬세할 것이다. 하지만 이것들 중 어느 하나만으로 세상을 보는 것은 불가능하다.

경영에서도 마찬가지다. 현미경으로만 사물을 보듯이 편협한 시각으로 일을 하려 한다면 전체를 보는 감각은 점차 퇴색될 것이며 후엔 상상조차 할 수 없을 것이다. 디테일이 중요하지 않다고 강조하는 것은 아니다. 다만, 디테일만 강조한다면 코 앞의 문제점조차 발견할 수 없게 될 수 있다. 음양이 조화를 이루듯 전체와 디테일을 다루는 균형잡힌 일처리가 경영자에게 필요하다.

자연에서 음과 양은 각각 개별로서 움직이는 것이 아니다. 음과 양이 한 곳에서 서로 변화를 이루며 균형을 맞춰가는 것이다. 만약 변화가 없이 균형만 있다면 오히려 정체되어 발전이 없고 퇴보만이 남게 될 것이다. 경영의 기법도 상호 보완적인 방법들이 번갈아 가면서 주도권을 찾고 이어서 균형을 이루어야 발전을 기대할 수 있는 것이다. 거시관리와 미시관리를 어느 한 쪽만을 고집하면 발전이 제한된다. 기업이 성장기에는 거시적인 관점에서 약간의 중복도 허용하면서 발전시켜야 한다. 반면에 저성장기에 접어들고 경쟁이 치열해지기 시작하면 섬세한 관리가 조직의 안정과 발전을 가져다준다. 필요에 따라 적절히 활용해야 좋은 성과를 만들 수 있도록 노력해야 한다. 경영자들이 이런 안목을 가질 수 있어야 한다.

스트레스와 역경, 피하지 말고 긍정적 변화의 계기로 삼아야 한다

핑계는 보통 마음이 내키지 않을 때 튀어나오기 마련이다. 마음이 내키지 않다는 것은 그것을 하기 싫어하기 때문이다. 만약 그것이 진정 자신이 좋아하는 일이었으면 핑계 대신 방법을 강구하는 자세가 나오기 때문이다.

흔히 정녕 자신이 좋아하거나 하고 싶은 일은 취미로 가지라고 한다. 직업으로 가졌을 경우 좋아하는 일이 스트레스로 찾아와 더 힘들어진다는 것이다. 골프를 칠 때 돈을 내고 하는 손님에게는 운동이지만 돈을 받고 동행하는 캐디에게는 노동일 수밖에 없는 것이다. 어차피 노동은 해야 한다. 스트레스 역시 피할 수 없을 것이다. 그렇다면 노동을 이롭게 하는 방법은 없을까. 이를 알아보기 위해 '열심히 일하기', '똑똑하게 일하기', '즐겁게 일하기', '운까지 따른다면 금상첨화'로 단계로 나눠 살펴보자.

열심히 일한다면 처음엔 문제가 없다. 주어진 임무를 묵묵히 시키는 대로 하기 때문이다. 밤낮 구분 없이 성실하게만 일한다. 하지만 시간이 흐를수록 왜 이 일을 하는 것인지에 대한 질문을 스스로에게 던지게 될 것이다.

똑똑하게 일하는 이들은 일의 경중과 완급을 파악해 우선순위를 매겨가며 진행한다. 집중할 때와 잠시 쉴 때를 구별해 보다 효율적으로 근무하는 것이다. 자연히 시간적 여유가 발생하고 스트레스 해소 역시 가능해진다. 여기까지는 아무래도 스트레스와 떨어질 수 없는 관계다. 하지만 현재 자신이 하고 있는 일 자체를 즐기는 사람은 자신의 일에 대한 만족도가 높기 때문에 스트레스를 상대적으로 덜 받는 것이다. 작성하기 어려운 보고서, 누구도 하기 힘들어하는 일들을 긍적적인 마인드로 도전할 경우 이전보다 훨씬 효과적으로 일을 할 수 있을 것이며 재미를 느낄 수 있을 것이다. 일반적으로 기업에서 혁신이나 정보시스템을 담당하라고 하면 통상 2~3년가량 하고 도망치려 하는 경향이 강했다. 직접적인 성과를 보이기 힘들기 때문이다.

빌게이츠는 '미래로 가는 길'을 통해 정보담당임원 CIO(Chief Information Officer)를 'Career Is Over'로 표현한 바 있다. 경력이 끝났다고 본 것이다. 경영에 도움을 주는 것은 분명하지만 성과를 설명하고 이해시키기 어려워 CEO한테 좋은 인상을 심어줄 수 없기 때문이다. 이 같은 어려운 여건이었지만 회사의 미래 성장을 준비하기 위해 반드시 필요한 것이라는 스스로의 사명감을 가지고 일에 매진하게 된 결과 중간의 준비 과정에서 쌓였던 경험과 지식들을 융합시켜 새로운 방법을 찾을 수 있게 돼 그야말로 즐기면서 일한 보람을 찾게 됐다. 마지막으로 운까지 따라준다면 운 좋은 놈이 돼 즐기면서 일하고 기대 이상의 성과를 갖게 된다. 살다보면 내 뜻대로 되기만 한 일은 없다. 특히 내 의지보다 외부 요인으로 인해 일이 잘 풀리지 않을 경우 안 된다는 자책감에 스트레스의 늪에 빠질 우려가 있다.

'세상만사 마음먹기 달렸다'는 말이 있다. 주어진 환경에 대해 남탓에 앞서 내 자신부터 되돌아보면서 개선할 부분은 없는지 적용해보자는 것이다. 어차피 해야 할 일이거나 헤쳐 나가야 할 일이라면 웃으면서 즐거운 마음으로 집중해보자. '피할 수 없으면 즐겨라'는 말이 여기에 해당한다.

장자莊子가 일컫기를 중국 전설에 등장하는 매우 큰 새[붕새鵬]가 있는데 이 새는 너무 크기 때문에 일반 바람으로 날지를 못하고 태풍과 같은 큰 바람이 불어와야 날 수 있다는 것이다. 그러나 일단 날아오르면 엄청 높은 곳에서 세상을 다 가진 듯이 날 수 있다는 것이다. 흔히 표현하기를 역경을 맞바람에 비유한다. 맞바람은 우리가 길을 가로막는 불편한 존재이지만 행글라이딩이나 비행기가 이륙하기 위해서는 반드시 이용해야 할 대상이기도 하다. 고난과 역경 앞에서 좌절하지 말고 그것을 인생의 교훈으로 활용해 역이용 할 줄 아는 지혜가 필요하다. 피하지 말고 긍정적으로 난관을 극복해가는 습관을 길러야 한다.

기업 구성원도 마찬가지다. 불황이 깊어질수록 일은 더욱 힘들어지고 스트레스는 더욱 가중되겠지만 한탄 대신 이를 역이용할 수 있는 방법에 대해 고민해봐야 한다. 어차피 인생은 굴곡지기 마련이다. 흥하면 망하고 또 다시 흥하고 반복되는 것이 세상 이치다. 피할 수 없는 흥망성쇠를 즐기는 방법을 강구해보자.

‘마른수건 물기 짜기’식 원가절감은 몰락의 지름길이다

많은 이들이 체중감량을 위해 다이어트를 실시한다. 새해 초에는 더욱 그렇다. 하지만 그 과정이 쉽지 않고 성공하더라도 ‘요요현상’이란 불청객을 만나기 십상이다. 요요는 위아래로 움직이는 장난감이다. 내려간 요요가 다시 올라오는 것처럼 줄어든 체중이 다시 원래대로 되돌아온다는 의미에서 이런 단어가 생겨났다. 다이어트를 끝낸 안도감에 예전과 같은 식사를 할 경우 더 쉽게 살이 찐다. 감량 과정에서 식사량을 줄이면 기초대사량이 떨어지게 되는데, 이 때문에 요요현상이 쉽게 일어나게 되는 것이다. 문제는 단순히 살만 찌는 것에서 끝나지 않는다. 요요가 되풀이되면서, 거식증·폭식증 등이 생겨날 수 있고, 다양한 질병에 노출될 수 있다.

경영에 있어서도 요요 현상과 같은 부작용과 합병증 등을 볼 수 있다. 기업이 경영이 어려워지면 원가를 줄여 비용절감에 나선다. 그러나 원가를 줄일수록 예상치 못한 다양한 부작용에 노출될 수 있다. 일본 모 기업에서 말한 ‘마른걸레도 짜면 물이 나온다’는 유명한 표현이 있다. 그러나 이를 맹신해 원가절감을 추진할 경우 조직은 당장 발등의 불만 끄는 셈이다. 일례로 돈이 안 되는 투자나 교육은 중지하고, 시간을 두고 진행해야 할 일들도 수익성이 확보되지 않았다는 이유로 우선순위에서 밀려나게 될 수 있다.

기업이 지속적인 성장을 위해서는 중장기적인 일들이 균형을 맞춰 진행돼야 한다. 그러나 비용절감에 전력을 기울이다 보면 이 균형은 깨지기 마련이다. 결국 불균형이 지속되면서 병에 걸리는 것과 마찬가지의 상황을 맞게 된다. 이 같은 기업의 '요요현상'을 가속 시키는 일들이 발생한다. 단기 업적에 시달리는 경영진이다. 위에서 설명한 불균형을 초래시킨 장본이기도 한 이들은 주주들의 압박에서 벗어나기 위해 내일의 빚을 끌어다 오늘의 빚을 막기 바쁜 행동을 보이게 된다. 미래에 대한 투자나 사람관리는 뒷전으로 밀려나고 마치 씨앗을 뿌려 새로운 수확을 가져올 종자마저 먹거나 파는 일을 하게 되는 것이다. 이 경우 진짜 긴박한 상황에 마주할 경우 아사 상태에 이르게 된다. 문제는 잦은 다이어트 실패의 부작용처럼 잦은 단기 업적용 원가절감은 직원들로 하여금 피로도를 증가시키며 하는 척 흉내만 내게 한다는 사실이다. 양치기 소년의 거짓말처럼 정작 필요할 때에 제 역할이 안 되는 것이다.

기업 운영의 균형이 깨지는 것은 물론 직원들의 일과생활의 균형도 깨져 결국에는 경영상 문제가 발생한다. 장난감 요요처럼 결국 회사는 과거의 자리로 되돌아가게 된다. 과거 브라운관용 유리를 만들던 회사에서 이와 유사한 일이 벌어진 바 있다. 당시 브라운관 유리 사업의 미래가 불확실하다고 전망했지만 쉽게 그만둘 수는 없었다. 브라운관 유리가 꾸준히 이윤을 창출하고 우수한 경영실적의 밑거름이 됐기 때문이다. 불안전한 미래를 대비하기 위해 새로운 제품이나 새로운 사업에 대한 준비가 필요했음에도 투자 회수의 불확실성을 내세우며 미래를 준비하지 않고 오로지 원가절감을 통한 이익만을 추구했다.

새로운 사장이 부임하면서 전 종업원을 상대로 만족도 조사를 실시했다. 조사 결과를 한마디로 요약하자면 '경영진이 오늘의 이익을 향유하기 위해 미래의 이익을 갉아먹고 있다'는 것이었다. 종업원의 한이 느껴지는 설문 결과였다. 이 회사는 재기하지 못하고 사장됐다. 새로운 사업을 통한 변신도 수명 연장을 위한 자구책도 마련되지 않았기 때문이다. 오늘의 빚을 갚기 위해 내일의 빚을 끌어다 쓴 회사의 말로는 참담했다. 다시 다이어트로 돌아가서 생각해보자.

최근 한 외국의 연구기관은 다이어트에 대해 다시 생각해 볼 필요가 있다고 주장했다. 표준체형과 표준 비만지수가 이상적으로 책정돼 필요 이상의 날씬한 체형을 요구하면서 오히려 수명을 단축시킨다는 것이다. 이와 함께 적당한 비만이 오히려 수명을 연장시키고 더 오래살수 있다고 덧붙였다. 우리 몸에도 유사시를 대비한 에너지원을 비축할만한 여유가 있어야 한다는 것이었다. 이처럼 경영도 느슨해야 한다. 과한 기준은 직원들에게 휴식을 빼앗고 어쩔 수 없는 잔업을 하게 만든다. 결국 작업시간은 누적되고 시간이 흐를수록 생산량은 저하된다. 사람도 마찬가지다. 건강한 체중감량의 기본은 음식량을 조절하고 운동을 통한 기초대사량을 꾸준히 증가시키는 것이다. 기업도 단기간의 과도한 원가절감보다는 장기적이며 지속적인 성장의 바탕이 될 수 있게 실현 가능한 원가절감 및 투자 그리고 교육 등에 대한 균형이 이뤄져야 한다.

초과 달성에 목맨 한국 기업, 과한 목표는 '약' 아닌 '독'이다

실제로 우리는 남들보다 하나라도 더 많이 가져야 하고, 더 빨라야 하며, 더 높이 올라가는 것이 미덕이 된 사회에서 살고 있다.

과유불급過猶不及이라는 말이 있다. 넘치는 것은 부족한 것만 못하다는 뜻이다. 치열한 경쟁 사회에서 젊은 사람들은 왜 부족한 것이 좋은지 이해하기 힘들 수도 있다. 그러나 실생활에서 보면 과유불급은 옳은 말이다.

우리 몸을 예로 들어 보자.

우리 신체는 항상성 유지를 위해 각종 장기와 기관들과 유기적으로 소통을 하면서 조절을 한다. 한방에서 간은 심장을 도와주고 심장은 위장을 도와준다. 이런 식으로 우리 몸의 각종 기관들은 선순환구조를 이루고 있다. 따라서 특정 부위에 좋은 보약을 많이 복용할 경우 밸런스가 무너져 오히려 다른 장기에 해가 될 수도 있다. 간이 너무 강해질 경우 심장은 그 위세에 눌려 제 구실을 못하게 된다. 이 경우 보약은 '약'이 아닌 '독'이 된다. 체중도 마찬가지다. 필요 이상의 영양 섭취는 비만을 불러오고 이는 각종 합병증을 유발한다. 배고프던 시절에는 없었던 질병이 풍요로운 세상이 되면서 등장하기도 했다. 기업을 관찰하면 이와 유사한 현상들을 볼 수 있다. 계획과 목표 초과달성을 '과유불급'의 관점으로 설명하고자 한다.

우리나라 기업 상당수는 경영에 있어서 계획 수립의 중요성을 상대적으로 낮게 보는 경향이 있다. 일단 개략적인 계획을 수립하고 실행하면서 시장의 변화에 따라 실적 만회를 위한 각종 수정 계획을 만든다. 제대로 된 수정 계획이 수립되기 위해서는 실적 부진의 이유를 분석해서, 실현 가능한 목표를 재설정해야 한다. 그러나 기업에서는 현실치보다 이상치를 주장하면서 수정 목표를 정해 시행착오를 겪는다. 문제는 이 과정에서 엄청난 낭비가 발생한다는 것이다. 일단 해보고 나중에 결과를 보면서 고치자는 주장이 만연하고, 이렇게 접근하는 것이 일을 잘한다고 평가하는 문화로 인해 이런 문제가 방치되고 있다. 안 해도 될 일을 하느라 직원들은 야근을 하고, 초과근무를 자처할 수밖에 없는 현실에 내몰리게 된다. 안 될 것을 알면서도 상사의 지시에 따라 각종 수치를 가공하느라 밤을 새운다. 이는 우리나라가 다른 OECD 국가들보다 노동생산성이 떨어지는 원인 중 하나다.

외국계 기업들을 보자.

이들은 계획 수립 과정에 큰 비중을 둔다. 일방적인 목표 하달·강요 대신 과거의 실적을 바탕으로 현실치를 감안해 목표를 설정한다. 또한 이 목표를 공론화시킨뒤 공유한다. 한 번 계획을 세우면 수시로 바꾸지 않고 변화를 최소화한다. 이 역시 우리와 다른 부분이다. 주목할 만한 것은 목표 미달이 아닌 목표를 초과했을 때다. 우리 문화는 목표 초과달성은 항상 좋은 것이고, 칭찬받아 마땅한 것이다. 그러나 외국 기업들은 계획 대비 과도한 초과를 경계한다. 원인을 밝히고 계획 수립과정에서 제대로 예측하지 못한 것은 아닌지 혹은 목표를 너무 느슨하게 세운 것은 아닌지 면밀한 검토가 뒤따른다. 그 만큼 계획 수립의 정확도를 높이려는 자세가 기본적으로 갖춰졌다. 계획 대비 과한 변동은 역으로 생각하면 통제를 못한 것이 된다. 이 때문에 계획수립 단계부터 철저히 예측해 예기치 못한 변동요인을 없애야 한다. 전반적인 기업의 문화가 보수적으로 평가받는 HP 사의 오래전 사례가 있다.

하루는 한 영업사원이 회심의 미소를 머금고 회사로 복귀했다. 그는 회사에 돌아와 대형수주 사실을 경영진에 보고했다. 그러나 경영진의 반응은 영업사원의 예상을 크게 빗나갔다. 경영진은 이 영업사원에게 수주 취소 명령을 내렸다. 해당 수주를 공급하기 위해서는 설비 증설과 추가 인력 채용이 필요한데, 해당 수주가 끝낸 뒤에는 이들을 활용할 계획이 없기 때문이었다. 목표 초과 달성을 위해 노력하는 조직이라면 이런 결정은 상상하기 힘든 결정이었을 것이다. 사후 일은 나중에 고민할 문제고, 당장 돈 벌 수 있는 기회를 놓친 것을 아쉬워했을 수도 있다. 이런 논리 뒤에는 고생은 내가 아닌 다른 사람이 하고, 나는 지금의 당장 열매만 먹으면 된다는 이기적인 생각이 깔려있다.

다른 사례도 있다.

삼성과 소니가 협업해 LCD TV 합작회사를 운영했던 적이 있다. 당시 삼성은 소니의 계획 수립과 이행 과정을 보고 놀랐다. 소니는 서구 기업과 마찬가지로 실적 차질이 나도 한 번 세운 경영목표를 바꾸지 않고 계속 이행했기 때문이었다. 조금이라도 차질이 발생하면 매월 실행 계획을 수립하면서 목표 달성을 위해 매진하는 삼성은 놀랄 수밖에 없었다. 물론 추가 실적 달성이 나쁘다는 것은 아니다. 다만 전체 효율과 생산성의 관점에서 생각해 볼 필요가 있다는 것이다.

우리 속담에 '앞으로 남고 뒤로 밑지는 장사'란 표현이 있다. 당장의 이익을 위해 미래의 이익을 손해보면 안 된다는 뜻을 담고 있다. 계획수립과 정확도에 초점을 맞춰 일을 하면 일의 전개 과정이 통제 범위 내에 들어온다는 장점이 있다. 환경변화에 따른 대응 역시 미리 준비된 시나리오에 따라 용이해질 수 있다. 미리 준비된 시나리오에 의거해 대책을 수립하게 됨으로써 사후에 원인분석을 하고 대비책을 수립하느라 우왕좌왕 하는 시간을 절약할 수 있는 것이다. 지금 우리에게 필요한 방법이라 생각한다.

준비된 시나리오가 없을 경우 진행 순서를 보면 일단 'Bottom up(거꾸로)'으로 대책을 수립한다. 리더는 이 때부터 하나씩 이해하려고 노력한다. 리더가 업무에 정통하면 그나마 다행이다. 소통이 원활하기 때문이다. 리더가 업무 이해도가 낮으면 리더를 이해시키기 위해 시간을 허비하게 되면 자연히 소통은 부족해진다. 불필요한 일들을 하느라 바쁘고 시간을 낭비하게 된다. 보다 스마트하게 일하는 방향으로 전환해야 한다. 스마트하다는 것은 기상천외한 아이디어로 문제를 해결하는 것만을 의미하지는 않는다. 미리 리스크를 관리할 수 있는 시나리오를 준비하고 상황에 대응하는 것이 바로 스마트한 일처리다.

위험한 유혹 분식회계, 준법경영 · 주주 권익보호 위해 강력법으로 종식시켜야 한다

'고양이에게 생선을 맡긴다'는 속담이 있다. 생선을 좋아하는 고양이에게 맡길 경우 생선 지키기란 사실상 불가능하다는 점을 꼬집은 표현이다. 문제가 발생할 것을 뻔히 예견하며 일을 진행하는 것을 두고 이 같은 속담을 쓰기도 한다.

경영학 이론 중 'Agency Cost(대리인비용)'*란 용어가 있다. 주식회사가 되면서 기업 규모가 커지면 전문화된 지식이 필요하게 된다. 이를 확보하기 위해 기업들은 전문경영인을 선정해서 경영을 위임한다. 위임된 경영인들이 빠지는 고민이 있다. 기업이 원하는 대로 행동할 것인지에 대해서다. 자신들의 급여를 높게 책정하던가, 잘못된 의사결정으로 회사에 큰 손실을 끼치게 되는 경우, 부적절한 사생활로 인해 회사의 이미지를 실추시켜 궁극적으로 주가에 악영향을 주는 등 다양한 종류의 '대리인

* 기업의 주체(주주, 채권자)와 대리인(경영자)과의 상충된 이해관계로 인하여 발생하는 비용으로 다음과 같이 구분할 수 있다. ① 감시비용(monitoring cost) : 대리인의 행위가 주체의 이익으로부터 이탈하는 것을 제한하기 위하여 주체가 부담하는 비용을 말한다. ② 확증비용(bonding cost) : 대리인이 주체에게 해가 되는 행위를 하지않고 있음을 확증하기 위해야 대리인이 부담하는 비용을 말한다. ③ 잔여 손실(residual cost) : 대리인의 의사 결정과 주체의 입장에서 본 최적 의사결정 사이에는 괴리가 발생하는데 이러한 괴리로 말미암아 주체가 감수하게 되는 부의 감소를 의미한다.(출처=매일경제)

비용'이 발생하게 된다. 가장 위험한 것은 회계부정을 저지르는 것이다. 실적 압박에 시달리다보면 분식회계라는 유혹에 빠지고 장부상 데이터를 조작하게 되는 것이다. 아무도 모를 것 같지만 과거 사례에 비춰보면 결국에는 탄로가 나기 마련이다.

미국의 대표적인 기업인 엔론·월드콤 등도 지난 2000년 이와 비슷한 부정을 저지른 바 있다. 회계감사 법인까지 동조해 저지른 사건이었다. 여기서 우리가 주목해야할 것은 당시 미국 정부의 대응방식이다. 연루된 회계법인은 결국 파산했다. 경영자들의 부정행위를 근절하기 위한 법안이 만들어졌다. 당시 이 법안을 발의한 상원의원(Paul Sarbane, Michael Oxley)들의 이름을 딴 'SOXSarbox'법이 그것이다. 이 법은 회계장부의 데이터 조작을 방지하기 위해 관리감독을 강화할 것을 골자로 했다. 또한, 이를 매년 회계감사를 통해 점검하고 만약 이를 어길 경우 CEO와 CFO 등을 구속하는 강력한 법을 만든 것이다. 데이터들이 전산으로 관리되는 기업환경을 감시하기 위해 전산시스템의 관리감독도 강화됐다.

시스템 접속 관리 강화, 데이터베이스 접근 권한 강화, 프로그램 변경 및 설치 과정과 시스템 운영 관리감독 강화 등이 포함됐다. 비밀번호 관리도 주기적으로 변경해야 하며 중요한 데이터의 접근을 실시간으로 모니터링하고 이력을 관리해 부적격자의 접속여부를 확인하게 됐다. 사용자의 직무에 따른 시스템 권한의 변경사항도 추적해 비권한자가 필요 이상의 권한을 보유하게 되는 것 역시 규제됐다. 프로그램을 개발해 변경한 사람과 이를 시스템에 옮기는 사람 역시 동일인이 할 수 없게 만들었다. 또한, 전산시스템 상에서 주기적으로 처리되는 일괄작업의 결과도 확인해 임의로 접근해 데이터를 조작하는 행위를 방지하게 했다. 이처럼 사전 차단과 사후 추적이 가능하게 한 것을 매년 감사를 받게 하고 또 이를 공시토록 했다. 하지만 최근 많은 기업들이 자신들의 전산시스템을 외주화 해서 운영하고 있다. 벤더 전문가들이 시스템 개발 및 유지보수를 위해 관리하는 중이다. 시스템 관리를 위한 자체인력이 없다보니 외주업체들의 운영방식을 잘 알지 못하는 경우가 태반이다. 이 경우 회계법인으로부터 벤더가 전산시스템에 감사를 받고 정식 보고서를 발행해 컴플라이언스를 준수하고 있음을 증명토록 하는 방법을 권장하는 추세다. 지적사항에 대해서는 일정 기간 내에 조치할 것을 주문하고 이를 준수하지 못할 경우 감사보고서에 기록해 일반에게도 공개하게 된다. 이런 강력한 법의 집행을 통해 미국은 2000년 SOX법 도입 이후 단 한 건의 회계부정 사건이 발생하지 않았다.

우리나라를 한 번 보자. 잊을 만하면 한 번씩 분식회계 뉴스를 접하게 된다. 얼마 전 모 조선사가 그랬으며 이 전에도 또 이후에도 비슷한 사건이 보도됐고 보도될 것이다. 지속적으로 이 같은 일이 발생하는 까닭은 준법경영이란 단어가 무색할 만큼 기업들에게 솜방망이 처벌이 가해지기 때문이다.

미처 알지 못했던 문제는 충분히 발생할 수 있다. 처음 발생 후 재발방지를 위한 노력이 수반되면 그만인 것이다. 하지만 분식회계 사실이 꾸준히 적발된다는 것은 결국 이에 대한 재발방지 노력이 부족하다는 것을 의미한다. 우리나라의 경우 부정 차단을 위한 노력이 전무하다는 느낌이 들 정도다. 미국의 SOX법과 같이 부정행위의 사전차단을 위해 각 단계별 절차를 세분화하고 준수하도록 강제화 할 필요성이 있는 것이다. 업무를 정형화해서 프로세스로 정립하고 이를 문서화하고 또 표준화해야 한다.

내부에 이 같은 일처리를 위한 인력을 확보하여 정기적으로 점검하며 문제 발생 시 신속하게 대처할 수 있고 또 지속적인 보완이 가능하도록 해야 한다. 아직 SOX와 같은 강력한 법이 신설되지는 않았지만 기업의 정상적인 운영과 주주의 권익보호를 위해 반드시 필요한 법임에는 분명하다. 법 제정을 기다리기 전에 기업 내부에서도 '생선가게 고양이'를 감시하기 위한 제도를 수립해야 한다. 또 이를 보완해 나가야 한다. 관리와 감독이라는 용어가 통제라는 의미를 내포해 부정적인 시각이 다분한 것 역시 사실이다. 하지만 이를 불필요하게 여겨선 안 될 일이다.

생선에 욕심을 내는 고양이는 도처에 널려 있다. 하지만 우린 고양이가 생선가게를 맡을 수 있는 세상을 만들어야 한다.

이제는 '저지르고 보자'
대신 '깐깐해야' 효율이 높다

일을 실행하는 데 있어 사전 점검 및 준비 과정이 제대로 짜여져 있는지 확신하지 못하는 경우가 종종 있다. 특히 처음 해보는 일인 경우 이 같은 불확실성은 도드라지기 마련이다. 이때 우리는 일단 '저지르고 보자'는 의식이 팽배하다.

과거 우리는 빨리 쫓아가야 하는 상황이었기 때문에 앞뒤 재보고 일을 하기엔 시간이 부족했다. 자연스럽게 사전 점검과 계획은 뒷전으로 밀릴 수밖에 없었다. '호미로 막을 것을 가래로 막는다'라는 속담이 있다. 작은 일을 방치하다 보면 문제가 더욱 커져 나중에는 손을 쓸래도 쓸 수 없게 돼 버린다는 뜻이다. 나중에 해결하려면 혹독한 대가를 치러야 한다. '저지르고 보자'는 우리의 문화에서는 자주 경험하는 일들이다. 하지만 급변하는 경영환경에서 이제는 시행착오를 줄여야 오히려 시간을 단축할 수 있다. 동일한 실수를 반복할 여유가 없다.

소비자에게 제품을 제조해 판매하는 과정에서도 유사한 일이 발생한다. 개발 부서에서 제품을 설계할 때 정확한 치수와 필요한 부품의 규격 등이 제대로 됐다면 고객에게 판매해도 사후에 문제가 발생하지 않는다.

하자의 대부분은 고객의 불량·불만 신고를 통해 발견된다. 문제는 단순히 불량 제품 하나만 교환한다고 해서 해결되지 않는다는 점이다. 일부에서는 판매된 물건을 '리콜'해야 할 정도로 걷잡을 수 없게 큰 문제에 당면하기도 한다. 만약 제품 출하 전 품질 검사 단계에서 발견이 됐다면 고객의 불만을 제거할 수 있고 처리 비용도 크지 않을 터이다. 이런 경우 제품을 제대로 만들지 못해, 다시 말해 실패해서 발생하는 비용을 '실패 비용'이라 한다. 그러나 제조 과정 중에 불량 발생을 인지할 수 있다면 양품, 불량품을 판정하는데 드는 비용인 '평가 비용'을 줄일 수 있다. 아니면 제조 과정의 불량을 최소화 할 수 있다면 평가가 필요 없으므로 평가 비용의 최소화도 가능하다.

제일 좋은 경우는 설계 단계부터 제대로 설계하고 규격 및 제조 방법을 정확히 기술해 설계 오차를 없애는 것이다. 그래야 제조비를 줄이고 문제의 근본 원인도 제거할 수 있다. 무거운 물건을 적은 힘으로 들어 올리는 지렛대 원리를 생각하면 이해가 쉬울 수 있다. 긴 지렛대의 끝 부분일수록 적은 힘으로 들어 올릴 수 있지만, 중심쪽 짧은 부분으로 갈수록 큰 힘을 필요로 한다.

설계 단계는 끝 부분이고 고객이 불량품을 발견하는 단계는 중심에 가까운 부분이다. 호미로 문제를 사전에 막기 위해서는 근본 원인을 미리 발굴해서 제거해야 하고 이를 위해서는 설계 능력이 필요하다. 설계 능력 없이 리버스Reverse 엔지니어링이라 불리는, 완성품을 분해하면서 도면을 작성한다면 호미로는 막을 수 없다. 과거 어른들로부터 전해들은 웃지 못할 사례가 있다.

한국전쟁 당시 탱크를 분해했다 조립을 하면 미군들은 모든 부품들이 맞게 들어가서 남는 것이 없지만 우리 국군이 조립을 하면 남은 부품이 철모로 한 가득 나온다는 얘기였다. 물론 탱크가 작동은 된다. 남는 부품을 두고 두 가지 해석이 나왔다. 불필요한 부품이 있었다는 주장이 나오는가 하면, 안전이나 정확한 성능을 발휘하기 위해 필요한 부품을 빠트렸기 때문이라는 해석이다. 두 가지 모두 옳을 수 있다. 하지만 '더 정확한' 해석은 후자다. 전자는 탱크 자체에 대한 지식이 부족하다 보니 왜 이 부품들이 있어야 하는지 모르기 때문에 빚어진 해석이다. 이런 얘기는 비단 제품 개발에만 국한된 게 아니다. 우리가 선진 기업들보다 근무시간은 길지만 생산성은 뒤떨어진다는 보고가 계속 이어지고 있다. 왜 오래 일하고도 효율은 낮은지 고민하고 해결책을 찾아야 한다. 원인은 의외로 간단하다. 일단 저지르고 보는 우리의 방식과 비교하면, 선진 기업들의 일처리 방식은 답답하기까지 하다. 정해진 매뉴얼대로 한 단계씩 일을 진행하고 자신의 권한을 넘어서는 일일 경우에는 상부로 보고하고 후속 작업을 지시받고 나서 일을 계속 한다.

생산 현장에서 필요한 도구나 간단한 설비들을 제작할 경우, 현장의 상황에 맞게 작업자들이 결정하는 우리와는 접근 방법이 다르다. 선진 기업들의 장점은 바로 정해진 대로 일을 하고 예외가 발생하면 조치 후 다시금 이를 표준에 반영해 새롭게 정해진 순서대로 일하는 방식에 있다. 문제가 발생해도 조치가 신속해진다. 어느 곳에서 문제가 발생했는지 찾기가 쉽기 때문이다. 결국 선진기업들이 생산성이 높은 이유는 한번 작업으로 끝낼 수 있고 문제가 발생해도 이미 사전에 계획된 절차대로 문제를 해결하기 때문이다. 시행착오를 최소화했기 때문에 불필요한 시간 낭비 및 작업 과정을 거치지 않아도 된다. 사전에 근본 원인을 제거해 놓고 일을 하거나 제품을 생산한다.

한 단계에서 더 높은 단계에 도달하기 위해서는 반드시 거쳐야 하는 중간과정이 있다. 아무리 유능한 개인이나 집단도 이를 건너 뛸 수는 없다. 짧은 기간 동안 약하게 경험하고 건널 수는 있다. 먼저 건너간 사람들의 방식을 철저히 비교 분석해 시행착오를 줄여야 한다. 선진 수준을 따라잡은 우리에게 시급히 보완해야 할 정신이 있다면, 호미로 막을 수 있는 일은 반드시 호미로 막아야 한다는 자세다. 절대 가래까지 동원해야 하는 상황으로 키우지 않도록 하는 일처리 방식이 필요하다.

지속가능경영을 기업순환으로 풀어보자

작금의 시대를 변화가 너무 빠르다, 미래가 불확실해서 종잡을 수가 없다. 어디로 가야 할지 모르겠다는 등 혼란과 무방비 수준으로 현실을 표현하고 있다. 하지만 우리가 만물의 변화 및 시간의 흐름, 계절의 변화 등 자연현상을 유심히 관찰하다 보면 본질은 변하지 않고 그대로 임을 알 수 있다. 단지, 우리가 피상적인 모습만 보고 지레 겁을 먹고 서둘러 진단을 하면서 혼란을 초래하고 있는 것이다.

불확실성의 시대라는 표현도 사실 물리학에서 보면 원래 자연은 불확정성의 원리를 통해 미시의 세계로 들어가면 들어갈수록 우리 인간이 알려고 하는 순간 정확한 위치를 알 수 없다는 하이젠베르크의 설명을 인용하는 말이다. 그렇다! 우리는 궁극의 진실을 알기에는 어느 정도 제한이 있고 많은 차원이 미시의 세계에 숨어 있으며 우리가 오감으로 감지할 수 있는 세상은 시공간의 4차원이지만 눈으로 볼 수 있는 공간은 3차원의 세상뿐이다. 이것마저도 우리의 눈을 통해서 망막에 상이 맺힐 때는 2차원 평면에 존재하기에 3차원 세상을 2차원 세상으로 왜곡된 시각으로 바라보면서 자신들의 관찰만이 정확한 것처럼 착각을 하면서 살고 있는 것이다. 이러한 왜곡된 시각은 진실을 찾아보기 힘들게 만들어 객관적인 사실보다는 주관적인 판단이 우세하게 만들면서 세상의 변화를 감지하기 어렵게 만들고 있는 것이다. 또한 도시 생활과 고도의 문명사회에 살면서 인위적으로 조절되는 냉난방 속에 익숙해지다가 보니 계절의 변화에 무감각해지고 자연 현상을 직접 체험하지도 못하게 되면서 자연의 변화에 대한 망각이 자연스러워 진다. 그러나 세상은 매일 같이 반복되는 해돋이와 해넘이, 월출과 월몰, 4계절의 변화가 존재한다. 이는 세상 어느 곳이나 누구에게나 동일하게 적용되는 자연의 법칙이며 우주의 법칙이다.

자연의 대표적인 순환이 봄, 여름, 가을 그리고 겨울의 4단계이다. 봄이 되면 새로운 생명들이 돋아나기 시작하고 여름이 되면 뜨거운 태양과 함께 무럭무럭 성장하게 된다. 가을이 되면 성장을 멈추고 결실을 맺기 위해 불필요한 것들은 버리고 열매를 맺는다. 겨울이 되면 만물이 움츠려 들면서 긴 겨울잠을 자듯이 새해를 기약하면서 휴식을 취하게 된다. 사람도 가을이 되면서부터 사색에 잠기게 되고 겨울에는 좀 더 깊이 생각에 잠기며 과거를 되돌아보게 된다. 또한 다음 해 농사를 위해 휴식을 취하면서 주변 정리를 한다.

기업의 성장 주기를 보자. 기업도 탄생과 더불어 새싹이 돋는 봄과 같이 태동기를 거치고 이어서 시장에서 한껏 자신의 존재를 알리는 여름과도 같은 성장기를 지나게 된다. 여름이 지나면 가을이 다가오듯이 성숙기에 접어들게 되면 주변의 경쟁자들도 늘어나게 되고 제품의 매력도 떨어지면서 종전보다 가격이 떨어지게 되어 수익성도 줄어들게 된다. 또한 대체제품을 가지고 등장하는 새로운 경쟁자들의 등장으로 인해 '레

드오션'이라 불리는 치열한 경쟁에 돌입한다. 뒤를 이어 쇠퇴기로 접어들면서 모든 경쟁자들이 공존할 수 없는 상황에 도달하면서 철수할지 끝까지 남아서 마지막 한 톨까지 차지할 것인지를 결정하게 된다. 역사상 수많은 기업들이 4계절과도 같은 4단계의 흥망성쇠를 보여주고 있다. 그러나 이 기간이 보통 60갑자와 비슷한 60년이라는 시간에 걸쳐 길게 나타나다 보니 순간순간을 매일 같이 치열하게 사는 현대인들은 느끼지 못하고 지나가는 것이다.

약 40여 년 전 미국의 GM(당시 선진기업)의 관리자들이 현재의 기업관리자들을 보면 아마도 표현 자체가 불가능 할 것이다. 당시 자신들의 업무 생산성과는 비교할 수 없을 정도로 높은 생산성을 그것도 훨씬 더 적은 인력으로 만들어 내는 것을 보게 되면 엄청난 충격이 될 것이며 변화를 확실히 느낄 것이다. 그러나 현재 살고 있는 우리들은 컴퓨터, 자동화 기기의 활용 등 변화 속에 살다 보니 엄청난 차이를 당연한 것으로 받아들이고 변화를 실감하지 못하고 사는 것이다.

우리는 그 동안 항상 발전만 생각하면서 미래를 바라보며 앞으로 전진만 하면 되는 것으로 믿고 왔다. 하지만 세상사는 과거와 현재 그리고 미래가 동떨어져 따로 존재할 수 없는 법이다. 현재는 과거의 무수한 사건들의 합으로 구성되어 있으므로 과거에 행하였던 어떠한 조치로 인하여 현재의 사건이 발생하게 된다. 과거에 잘못된 사람들을 발탁하여 중요 자리에 임명하였다면 시간이 지나면서 그들로부터 잘못된 의사결정과 판단으로 인하여 나중에 문제가 붉어지는 것, 또는 미래를 대비하여 인재를 양성하거나 새로운 제품을 개발하는 것을 소홀히 한 결과 새로운 경쟁제품에 속수무책으로 당하게 되는 현상들이다. 현재 맞이하는 문제들이 전혀 새롭고 예기치 못한 것이라고 말할 수 없는 것이다. 혹자들은 세상이 워낙 빠르게 변하고 기술 발전의 속도가 빠르기 때문이라고 둘러댄다. 본질은 그게 아니다. 과거 내가 한 행동과 연관되어 나타나는 것이다.

최근 우리나라 대기업들이 상당히 어려운 환경에 처해 있다. 기업의 수명을 60갑자의 순환과 같이 60년이라고 정의하면 각 계절은 15년이다. 우리가 과거 경제개발 5개년 계획을 실시하면서 대략 비슷한 시기에 탄생했던 대기업들의 나이를 보면 대부분 45~48세 정도가 된다. 15년으로 나누면 가을에 해당되는 시기이다. 그러므로 최근 몇 년간 가을걷이와 같은 엄청난 수확을 거두었지만 이제는 중국, 인도들과 같은 후발 경쟁자들이 맹렬히 뒤쫓아 오면서 상황은 어렵고 경쟁력이 약해지고 있는 상황이다. 이제는 수익성이 낮거나 경쟁력이 떨어지는 사업들을 하나씩 정리를 하면서 새로운 방향을 설정하고 미래 먹거리를 준비해야 하는 단계로 가고 있는 중이다. 그러면 이 시점에서 과거를 한번 되돌아 볼 필요가 있다. 60년의 절반인 30년이 지나면 음과 양이 교대가 되면서 반대의 현상이 생겨나게 된다. 지금으로부터 30년 전을 돌이켜 보면 당시 우리나라의 대기업들은 한창 성장을 준비하면서 나름대로의 비전을 가지고 거대한 목표에 도전하던 시기이다.

바로 그것이다. 지금은 당시와 같이 새로운 비전을 만들고 제2의 도약을 꿈꾸는 준비를 해야 하는 시기이다. 물론 기업들마다 분주히 사업전략을 수립하고 대비를 하고 있을 것이다. 그러나 여기서 우리가 간과하는 것이 있다. 새로운 비전과 꿈을 누구하고 공유할 것이냐? 바로 직원들이어야 한다. 그런데 오로지 생존에만 몰두하면서 돈 안 되는 사업은 철수하고 직원들까지 같이 없애고(매각) 있다. 나중에 누가 새로운 비전을 실행할 것인지 의문이 간다. 왜냐하면 기업의 문화를 이미 이해하고 있는 사람들은 새로운 사업이 시작되어도 쉽게 빨리 적응을 할 수 있다. 반면 새롭게 채용한 사람이나 M&A를 통해서 흡수된 사람들은 문화적 이질감으로 인하여 적응에 애를 먹게 되고 시간도 오래 걸리게 된다. 이와는 반대로 미리 준비를 하면서 다가오는 가을을 제대로 만끽하며 단풍놀이를 즐기는 회사가 하나 있다. 작년 10월경 언론에 요란하게 소개되었던 한 제약회사가 있다. 이 회사도 탄생한 지 43년이 되는 가을로 막 접어드는 단계이다. 만약 기존의 방법대로 선진사로부터 전수받는 기술로 의약품을 생산하고 공급한다면 곧 치열해질 경쟁 속에서 어려움을 겪을 수밖에 없었을 것이다. 그러나 이 회사는 10여 년 전부터 자체 기술개발을 통하여 새로운 신약기술을 개발하였다. 이를 반대로 선진사에게 판매를 하게 되어 엄청난 매출을 기약하게 된 것이다.

그 동안 우리의 우수기업들은 60년이라는 60갑자 한 바퀴를 돌아온 적이 없다. 그렇다 보니 전체의 순환 과정을 이해하지 못하고 오로지 새로운 제품, 새로운 기술만이 미래를 밝혀줄 것이고 수명을 연장시킬 수 있을 것으로 믿어 왔다. 틀린 것은 아니다. 그러나 이 순환과정에서 결국 주체가 되는 것은 사람이란 것을 깨달아야 한다. 돌이켜 보면 성장기에는 직원들은 자산으로 대접을 받았다. 그러나 성숙기에서 쇠퇴기로 접어드는 지금의 현실은 직원들을 철저히 비용으로 보고 삭감의 대상으로만 보고 있다. 하지만 쇠퇴기도 지나고 다시 새로운 도약을 맞이하는 태동기는 올 수밖에 없다. 물론 망하지 않는다는 전제가 있기는 하다. 흥망성쇠 한 사이클을 돌아 나온 기업들은 곧 이어 새로운 일을 추진할 인재들이 부족해서 어려움을 겪을 것이다. 왜냐하면 다시금 성장기가 돌아오기 때문이다. 이를 미리 인지하고 쇠퇴기에 직원들을 교육시키고 양성하여 준비된 인재로 키운다면 이는 다른 기업들이 일순간에 확보할 수 없는 역량을 갖추게 될 것이다.

지속성장이라고 하여 항상 발전하고 성장하는 것만으로 받아들인다면 큰 오산이다. 지금까지의 지속성장Sustainability 하면 계속해서 성장하고 발전하는 것으로 인식하고 있었다. 하지만 세상 모든 것은 흥망성쇠, 생로병사 등의 부침을 겪게 마련이다. 경제현상도 호황과 불황이 주기적으로 반복되고 있는 것은 누구나 알고 있는 사실이다. 기업 경영도 해당 산업의 수명주기, 제품의 수명주기 등이 있음을 인지하고 기업 경영의 부침을 미리 알고 대응한다면 다가올 리스크를 최대한 줄일 수 있을 것이다. 발전 및 성과 과정에도 순환이 있음을 이해하고 지속성장의 개념을 다시 생각해 봐야 한다.

Ⅱ. 인재

사람 중심의 지속성장을 위해
인재를 양성하고
내부 소통을 활성화 하여
변화를 통한 혁신을 이루어 내고
성과를 유지하면서 리스크를 최소화 한다

"Taylor 이후 사람 및 조직은 기업의 생산성 향상을 위한 도구로 전락해버렸다. 동서고금을 통하여 선인들이 공통적으로 남긴 말은 '기업은 곧 사람이다.' 하지만 그 동안의 경영은 사람은 비용으로 보고 조직 또한 구조조정의 대상으로 남용되어 왔다.
저성장기로 접어드는 현실에서 종전과 다른 새로운 아이디어, 크게는 패러다임을 바꾸기 위해서는 결국 사람이 나서야 한다. 조직의 운영이나 인재의 관리를 인간중심으로 보고 사람 냄새 나는 경영이 필요한 시기이다."

경영자, 인재 발굴을 위해서는 본인 수준부터 높여라

여러 운동 종목 중 유일하게 살아있는 생명체와 함께 하는 것이 바로 승마이다. 생명체이다 보니 상호간에 신뢰 및 소통이 필요하다. 말과의 교감 과정을 통해서도 우리 사람들 간의 의사소통에 도움을 받을 수 있다. 초보자 시절에는 정해진 순서대로 말과 호흡하며 정상적인 진도를 나가던 중 개인적인 사정으로 4개월의 공백기를 가졌다. 공백기 동안 타는 법을 다 잊은 것은 아닌지 걱정하면서 다시 시작했지만 의외로 금방 적응할 수 있었다. 문제는 새로운 말을 타면서 발생했다. 새 말을 탈 때면 이상하게 제어가 안 되고 급기야 불안하고 두려워졌다. 그 새로운 말이 중상급용 말이었다는 것은 나중에 알게 됐다. 상급자용을 타면서 초보자용에서 했던 행동을 했다. 예를 들면 수준 높은 상대에게 하수가 이래라 저래라 해서 고수가 짜증을 냈던 것이다.

초보자의 경우 우선 말에서 떨어지지 않으려고 노심초사하는 모습이 보인다. 온몸이 움직이고 고삐는 꽉 쥐고 있어 나중에 내리고 나면 손목 및 어깨, 등에 통증을 호소한다. 사람도 사람이지만 고삐를 세게 쥐면 말 역시 싫다고 머리를 흔들면서 반응을 보인다. 몸 동작이 말과 박자가 안 맞을 경우에도 말은 움직이지 않고 불만을 표시한다.

상급자용 말일수록 세심한 교감이 필요하다. 좋은 말은 고삐의 미세한 움직임만으로도, 기승자의 미묘한 자세 변화에도 말은 방향을 감지하고 이동한다. 만약 초보자에게 이런 말을 주면 낙마하거나 말이 아예 움직이지 않고 가만히 서 있는 경우가 발생한다.

말은 타는 사람의 수준에 따라 준마인지 아닌지 결정이 된다. 그리고 말을 잘 타야 준마를 알아 볼 수 있다. 직원 채용에 있어서도 마찬가지다. 어느 정도 수준이 되어야 인재도 알아볼 수 있다. 자기 기준이 높지 못하면 인재가 인재인지 모를 수도 있고, 인재가 왔다가도 실망하고 떠날 수도 있다. 조직을 관리하다보면 이런 누를 저지르는 사례가 많다. 핵심 인재라고 뽑아 놓고 그들의 역량을 발휘할 수 있는 기회를 주지 않으면서 별로 성과를 못 내고 있다고 불평하는 것이 대표적인 사례이다.

핵심인재들에게는 그들에게만 통하는 소통 방법이 필요하다. 그들은 관리하고 통제하지 않아도 자신이 맡은 일을 해내고 마무리를 한다. 믿고 맡길 필요가 있다. 말들의 경우도 기승자와 맞지 않을 경우 일단 머리를 흔들면서 불편하다는 신호를 보낸다. 그래도 받아들여지지 않으면 달리거나 일어서거나 멈추는 등의 행동을 한다.

『삼국지』에 등장하는 하루에 천리를 달린다는 적토마 얘기가 있다. 관우가 조조에게 잡혀있던 시절 아무리 회유해도 무반응이었던 관우에게 적토마를 주자 관우가 무척이나 좋아했다는 것이다. 이후 적토마는 관우에 순응하면서 전장을 누볐다.

관리자는 인재를 보는 눈을 가져야 하고, 인재는 그것을 감지할 수 있어야 한다. 서로 교감이 일어나야 한다. 아무나 인재를 얻을 수 있는 것이 아니다. 돈만 많이 주면 얻을 수 있다는 생각은 버려야 한다. 상호간 이해가 선행돼 진심으로 소통할 수 있는 관계가 형성되어야 한다.

기술이나 지식 이전에 인성이 필요한 이유이기도 하다. 관리자들 입장에서는 아무래도 전문 기술을 직접 평가할 수는 없다. 전문 영역은 전문가에게 일임하는 것이 가장 좋은 방법임은 증명되어 있다. 그러므로 관리자는 인재의 인성적인 측면을 자세히 보고 관찰하면 효과적이다. 인재를 너무 기술자 또는 천재로만 바라보고 평가를 하려니 힘이 든 것이다. 심성, 협업능력, 자기관리 현황 등을 면담을 통해 피드백해주면 오히려 인재들과의 소통에도 도움이 되고 자신들의 부족한 부분을 보완하게 되므로 상호간에 신뢰도 형성된다.

우수한 인재를 볼 줄 아는 안목도 중요하지만 발굴한 인재를 초보용 말처럼 다루려 한다면 결과는 불 보 듯 뻔하다. 수준에 맞게 인재를 관리해야 한다. 초보 수준의 지식과 관리를 하며 기준에 맞지 않는다고 평가하는 것은 인재들을 내보내는 것이나 다를 바 없다. 실제로 이런 연유로 조직을 떠나는 많은 인재들을 볼 수 있다.

스펙 중심에서 벗어나 '사람에 의한 선발'로 전환하라

똑같은 젓가락이라고 하더라도 과거 가내 수공업 시절 장인들이 만들었던 수제품과 현대 대량생산 체제에서 만들어지는 공산품은 전혀 다른 물건이다. 표준화된 규격에 따라 만들어지는 공산품은 수요와 공급의 법칙에 의해 가격이 정해지므로 굳이 어느 회사 제품인지는 크게 중요하지 않다. 필요한 기능과 소비자들의 취향이 구입의 판단 기준이 되는 것이다. 제품 구매의 기준이 '누가 만든 물건인가?'에서 '어떤 가격과 기능 혹은 디자인을 갖고 있는가?'로 바뀐 것이다.

경제 규모가 커지고 산업이 발전함에 따라 직원을 채용하는 방식에도 변화가 생겼다. 과거 경제 규모가 크지 않았던 시절 국내 기업들은 직원 채용 시 지인의 추천을 통해 이력서를 받는 경우가 많았다. 이력서에는 어떤 학교를 졸업했고 어떤 자격증을 보유하고 있는지 간단히 기재했다. 사실 이 시절에는 학력보다는 추천하는 사람 면면을 참조하던 시절이었고, 입사한 사람은 추천인의 얼굴을 봐서라도 열심히 일하는 것이 일반적인 분위기였다.

국내 기업들이 대기업화·글로벌화 되면서 채용 방식에도 변화가 일기 시작했다. 우리는 매년 대기업들이 최소 수백 명에서 수천 명씩 신입 사원을 채용한다는 뉴스를 자주 접하게 된다. 실제로 매년 대규모 인재 채용이 이루어지고 있다.

대기업의 경우 1년에 수천 명의 직원을 채용하기도 한다. 이는 무척이나 어려운 일이다. 제대로 된 채용을 하기 위해서는 1년 내내 시간과 자원을 소비해도 부족할 것이다. 그런데 대기업에서는 상반기, 하반기로 나누어 1년에 한 번 내지는 두 번 공채를 한다. 마치 공장에서 대량생산하는 공산품처럼 인재를 채용하고 있다.

짧은 시간에 대규모의 인력을 채용하는 것은 마트에 가서 공산품 고르는 것과도 비슷한 일이다. 공산품 판단 기준이 제품의 스펙이듯이 인재 채용도 스펙이 기준이 된 것이다. 기업은 지원자들의 학력, 성적, 외국어 점수 등의 조건을 수치화해 구분한다.

기업의 채용 방식이 스펙 중심으로 전환되다 보니 대학에서 신입생을 선발하는 기준도 학생들의 고등학교 시절 활동에 대한 스펙이 되고 말았다. 여기에 정상적인 교과 과정과는 별도의 과외 활동 실적이 스펙으로 추가되면서 대한민국은 '스펙쌓기'가 만연한 사회가 됐다.

전 국민이 '스펙쌓기'에 동참하면서 이에 대한 부작용이 일고 있다. 학생들의 인성이 부족해졌다는 것이다. 가정에서나 학교에서 인성교육은 뒷전으로 하고 스펙쌓기만 강조하면서 발생한 결과였다.

일부 기업들은 스펙의 허점을 보완하기 위해 임원 중심으로 면접을 별도로 두고 있다. 심층 면접을 통해 입사 지원자의 인품, 인성 등 기본 소양을 보는 것이다. 하지만 이 면접 역시 짧은 기간에 정해진 장소에서 이루어지므로 지원자들의 전모를 제대로 판단하기 힘든 점은 마찬가지이다.

애플 전 CEO 스티브 잡스처럼 일부 선진 기업의 경우 경영진이 인문학 출신이다. 이들이 새로운 아이디어로 혁신적인 제품을 만들고 창조적인 경영하는 것을 보면서 기업들은 경쟁력을 갖추기 위해서는 인문학이 필요하다고 주장한다. 기업은 인문학 지식을 보유한 통섭형 인재를 발굴한다고 요란을 떨기도 한다. 문제는 인성이나 인품은 측정하기가 쉽지 않은 것이다. 재능처럼 스펙으로 판단할 수 없는 영역이다. 마치 제품과 작품이 다른 것처럼 표준화된 것이 아니라 예술품과 같은 것이다. 여기서 우리가 주의해야 할 점이 있다. 인문학이나 고전에서 진정 얻고자 하는 것이 무엇인지 명확히 하자는 것이다. 기업이 돈을 벌기 위해 사람이 필요한 것인지 아니면 훌륭한 인재를 확보하기 위한 것인지 고려해야 한다. 동전의 앞면과 뒷면처럼 밀접한 이 두 가지 기준은 '과정'과 '결과'라는 차이가 있다.

'기업은 사람이다'라는 말은 "기업을 살리는 것도 사람이요 망하게 하는 것도 사람이다"라는 말이다. 훌륭한 제품이나 뛰어난 기술이 기업의 전부는 아니다. 단지 인재 채용 목적이 돈을 더 벌기 위해서라면 인재 채용은 재능 위주로 맞출 수밖에 없다. 요즘 기업마다 해외에서 핵심 인재를 채용하는 경우가 대표적이라고 할 수 있다.

중국 전국시대에 연나라에는 곽외라는 사람이 있었다. 인재의 중요성을 강조하면서 채용하는 방법을 다음과 같이 설명했다.

"폐하께서 진심으로 훌륭한 인재를 얻고자 한다면 먼저 주변 사람들을 아끼십시오. 저와 같은 자도 대접을 받는다는 소문이 널리 퍼지면 저보다 뛰어난 인재들이 몰려들 것입니다."

내부에서 성장해왔고 내부의 문화를 잘 이해하고 있는 사람들에게는 왜 인재를 발굴하거나 양성하지 못하고 멀리 떨어진 외국에서 내부 문화도 이해 못하는 이방인을 먼저 활용하려 하는지 제고해야 한다. 주변에 있는 사람들 내몰고 외부인들만 채웠을 경우 조직 내의 위화감, 불협화음도 충분히 예견할 수 있는 것이다.

이제 새로운 대안을 찾아보고자 한다. 기존의 채용 방식만을 고집하지 말고 시간이 더 소요되더라도 과거와 같은 채용 방식을 늘릴 필요가 있다. 이미 거대해진 조직에 있어서 과거와 같은 수만 명 혹은 수십 만 명이 동질성 및 일체성을 확보한다는 것은 불가능한 것이다. 특히 IMF 이후는 찾아보기 힘들어졌다.

회사별로 독자성을 부여하고 지인 추천, 내부 추천(추천한 사람도 평가받게 된다) 등의 비중을 높이는 것이다. 외국 기업들은 이미 활용하고 있는 방식이다. 스펙 중심의 인물 선발에서 벗어나야 한다. 이제는 사람의 진면모를 알 수 있는 '사람의, 사람에 의한 선발'로 전환할 필요가 있다.

‘자신만의 패턴’ 가진 인재에 ‘범인의 잣대’는 안 된다

‘인재’들이 모인다는 구글의 직원들은 월급을 많이 받는 것이 목표가 아니다. 이들은 세상을 바꾸기 위해 구글에 지원했다고 말한다. 구글과 같이 인재들이 모인다는 초일류 기업들은 근무시간에 대한 통제나 관리가 없다. 관리하는 사람이 없음에도 직원들은 스스로 출퇴근 한다. 과연 이렇게 해도 회사가 문제 없이 운영될 수 있는가에 대한 의구심이 든다. 그러나 다수의 기업들이 근무조건과 업무 환경을 직원 자율에 맡기고 있다.

미국의 한 벤처회사는 직원들에게 ‘상사에게 결재받기 전에 먼저 실행하라’고 권장한다. 직원들에게 권한을 부여함으로써 업무의 속도를 높이기 위해서다. 스피드가 생명인 벤처의 문화를 그대로 보여주는 것이다.

인재란 보통사람 이상의 기본 자질과 역량을 갖춘 인력이다. 이들은 스스로 일을 할 수 있는 사람이다. 그들은 무엇을 해야 할지 알고 어떻게 하는지도 파악을 마친 사람들이다. 말의 수준을 맞추지 못한 채 자기 식으로 말을 다루면 문제가 발생할 수 있다. 이들에게 일반 범인들과 같은 잣대를 적용하려 한다면 준마에 올라탄 초보 기수와 같은 실수를 하는 것이다.

영재·천재형 인재들은 일하는 방식에 있어 자신만의 패턴을 갖는다. 이들은 '아침형' 혹은 '저녁형' 인간일 수도 있다. 이들은 자신이 가장 높은 능률을 창출할 수 있는 리듬에 맞춰 일하기를 선호한다. 하지만 이들에게 정시에 출근하게 하고 정해지지 않은 퇴근 시간을 제시한 채 따르라고만 강요할 경우 이들은 자신만의 리듬을 잃게 될 것이다. 업무에 대한 흥미가 떨어지면서 능률도 저하될 수 있다.

능률을 높일 수 있는 근무제도로는 '유연근무제도'라는 것이 있다. 유연근무제도란 출퇴근 등에 구애받지 않고 자신의 상황에 맞춰 정해진 근무시간을 채우는 제도다. 일부에서는 유연근무제도를 두고 부정적으로 보는 것이 사실이다. 서로 근무 시간대가 달라 같이 일할 수 있는 시간이 부족해 회의도 못할뿐더러 관리가 안 될 수 있다는 것이다. 하지만 이는 다분히 구시대적 발상이다. 오늘날과 같이 통신기기가 발달한 세상에서 굳이 얼굴을 마주보고 회의를 해야만 하는 것은 아니기 때문이다. 스마트기기 등을 이용해 충분히 의사소통이 가능하며 자료와 정보 등의 공유 역시 가능하다. 시공간에 구애받지 않는 회의가 가능하고, 의사결정에 있어서도 전혀 문제가 없다. 이런 문화가 정착되기 위해서는 의사결정권자나 관리자들이 변해야 한다.

잭 웰치 전 GE 회장은 "평범한 것을 원한다면 직원으로 인정하지 말고 그저 날품팔이 노동자로 여기면 된다"고 말했다. 인재들은 남들이 생각 못하는 새로운 방법이나 아이디어를 곧잘 발굴한다. 따라서 이들의 생각이나 행동은 다를 수밖에 없다. 이들의 이 같은 다름을 인정하고 배려하는 것이 능률면에서 보다 효과적이라 할 수 있다.

고대 중국 연나라의 곽외는 인재를 찾는 방법을 다음과 같이 설명했다.

"상대를 몰아붙인다면 소인배들만 모일 것이고 예의를 갖추지 않고 상대를 대하면 하급 관리들만 모일 것이다"

잭 웰치 회장이 언급한 것처럼 상대를 날품팔이 노동자처럼 대하는 경우다. 이 같이 해서는 우수한 인력을 얻을 수 없다.

"상대와 똑같이 행동한다면 자신과 비슷한 사람밖에 얻지 못함"

일반 범인들과 똑같이 대우하고 자신의 수준에 맞춰 관리를 하려 할 경우 자신 수준의 사람밖에 못 얻는다는 뜻이다.

"상대에게 경의를 표하고 의견에 귀를 기울여야 한다. 또한 먼저 예를 갖추어 상대를 대하고 정중히 상대의 가르침을 받아야 한다."

이처럼 관리를 하다보면 자신보다 10배, 100배 나은 인재를 얻을 수 있다는 것이다. 이는 단순히 '경의를 표하다', '예를 갖추다'고 해서 유비처럼 제갈공명을 직접 찾아가 삼고초려를 해야 한다는 뜻은 아니다. 이것은 현대적 의미로 '인재들이 마음껏 기량을 펼치고 일할 수 있는 환경과 분위기를 제공한다'로 재해석할 수 있을 것이다. 오늘날 유수의 기업들이 최고의 복지시설을 제공하고 최적의 근무환경을 제공하려고 노력하는 것이 대표적인 예다. 유연근무 역시 이 같은 방법이라 할 수 있다.

우리가 고전에서 지혜를 쉽게 얻지 못하거나 인문학을 통해 새로운 방법을 찾기 어려운 것이 바로 '재해석'을 잘 하지 못하기 때문이다. 우선 본질을 파악하고 이를 응용한다면 보다 쉽게 재해석이 가능할 것이다.

클래식 음악이 수백 년이 지난 오늘날까지 많은 이들에게 사랑받는 이유는 다수의 명지휘자들이 이를 재해석했기 때문이다. 이들이 자신들 나름대로 새롭게 해석하는 이유는 관객들과의 소통 때문이라고 한다. 한번 지나가는 유행과 같은 바람으로 인문학과 고전을 폄하하지 말고 깊은 뜻을 캐내는 노력을 해야 한다.

적재적소에 배치하면 '열성인자'도 기업을 살린다

인간은 무병장수를 원하지만 태어나서 죽을 때까지 병에 걸리지 않는 인간은 없다. 무균실에서 살지 않는 한 인간은 크고 작은 병에 걸리고 회복되기를 반복하며 살아간다. '골골 팔십'이라는 속담처럼 때로는 적당히 아픈 것이 오히려 건강에 도움이 된다. 자신의 건강을 과신하지 않고 적절한 긴장감을 유지하고 부족한 부분을 보완하기 위해 건강관리에 신경을 쓰기 때문이다. 생존하는 데 있어서 오히려 '약간 약한 상태'가 유리한 것이다.

인류를 비롯한 지구상 모든 생명체들은 선택의 과정을 통해 진화해왔다. 대체적으로 좋은 유전 형질이 선택됐으나 때때로 생존을 위해서 나쁜 유전 형질도 선택됐다. 유전형질의 좋고 나쁨을 떠나 생존을 위한 선택이 계속된 것이다.

혈색소침착증이란 인체 철분대사를 저해하는 유전병 중 하나다. 정상적인 우리 몸은 철분이 과다 상태가 되면 인체 스스로 조절해 초과되는 철분을 배출하지만 이 병에 걸렸을 경우 인체는 철분이 항상 부족하다고 인식해 철분 보충을 계속하게 된다. 잉여 철분이 몸에 쌓이게 되면 장기 손상, 관절 손상 등을 유발해 간부전, 신부전, 당뇨, 관절염, 불임, 정신질환 심지어 암으로 이어지고 계속 방치할 경우 사망에 이르게 된다. 이 악성 유전자는 왜 없어지지 않고 계속 전해져 내려온 것인가. 『아파야 산다』의 저자 샤론 모알렘은 이 악성 유전자가 유럽인들을 흑사병으로부터 구해냈다고 주장했다.

흑사병에 감염돼 인구의 2/3가 사망하는 과정에서 오히려 정상적인 건강한 성인들은 적정한 철분을 체내 유지하고 있었기에 역으로 병원균들의 활동을 가속화시켰고 임산부나 노약자, 빈혈이 있어 철분이 부족했던 사람들은 병원균들의 먹이가 부족하여 병에 걸리지 않고 살아남을 수 있었다. 이때 생존한 많은 사람들이 혈색소침착증에 걸린 이들이었으며 이들의 유전자가 현재까지 전해진다는 것이다.

이를 통해 재미 있는 설명이 가능하다. 혈색소침착증은 분명 인류가 종족을 번식하고 생명을 유지하는데 부적합 병임에는 틀림없다. 하지만 흑사병이 유행하던 14세기 유럽인들의 평균 수명은 40세가량이었던 것을 감안하면 오히려 이는 생존을 위한 선택이 된다. 혈색소침착증에 걸리더라도 곧바로 죽는 것은 아니기 때문에 2세를 낳는 등 종족 번식의 의무를 다한 30대 후반에 죽게 될 경우 유전자 입장에서 이 병을 남겨둔다 하더라도 '남는 장사'가 된다. 병을 달고 살아가는 것이 오히려 득이 된다는 것이다. 이는 기업경영을 하는 과정에서도 적용이 가능하다. 기존 조직 이론에 따르면 조직 구성원은 상위 10퍼센트, 하위 10퍼센트 그리고 중위 80퍼센트로 이뤄진다. 하위 10퍼센트는 조직의 분위기를 저해하고 생산성을 떨어뜨리는 존재이므로 이들을 강제 퇴출시켜야 나머지 80퍼센트가 상위 10퍼센트를 따라가게 된다. 일종의 X 이론에 입각한 조직관리 개념이다.

조직은 항상 좋은 유전자를 가진 사람들로 구성돼야 할 필요는 없다. 인류의 진화과정을 통해 알 수 있듯이 열성인자도 활용가치가 있기 때문이다. 만약 기업에 조직 구성원들이 모두 우성인자로 가득 차 있다면 갑작스런 병원균의 침투에 기업은 큰 혼란을 맞게 될 것이다. 흑사병이 창궐했을 당시 건강한 신체는 흑사병의 보금자리가 됐다. 기업 내부의 열성 인자가 기업에 침투한 병원균을 쫓아내는데 공을 세울 수도 있다는 것이다.

오늘날 기업의 조직 관리 이론에 대해 재고가 필요하다. 조직의 열성 인자들도 제 역할을 찾으면 훌륭한 업무수행 능력을 보여줄 수 있을 것이다. 예로부터 적재적소에 사람을 배치하는 것이 최상의 방법이라 했다. '인사가 만사'라는 말도 여기서 나왔다고 볼 수 있다.

경제가 어려운 요즘 비용절감 차원에서 무분별하게 감행되는 인력 구조조정은 자칫 잘못된 선택일 수 있다는 점을 명심해야 한다. 적자생존을 위해 언젠가 필요하게 될 인원들을 내몰고 작은 위기를 큰 위기로 만들 수 있기 때문이다. 열성 인자들에 대한 관리를 재조명할 필요가 있다.

인격무시는 생산성 저하시키는 폭언이고 칭찬은 고효율의 지름길이다

행동이 계속되면 습관이 된다. 행동은 말대로 행동하게 되며 말은 생각대로 나오기 마련이다. 그러므로 우리가 어떤 생각을 하느냐, 어떤 언어를 구사하느냐에 따라 행동에 영향을 끼치게 되며 궁극적으로 습관에까지 영향을 끼칠 수 있게 된다.

낙관론자와 비관론자가 있다. 전문가들은 낙관론자가 비관론자에 비해 장수하는데 유리하다고 말한다. 우리의 뇌는 현실과 이상을 구별하지 못한다. 아무 의도·목적 없는 일상적인 말을 뇌가 사실인 것으로 착각하고 반응하기 때문에 낙관론자가 더 유리하다는 것이다. 만약 우리가 '죽고 싶다'는 말을 입버릇처럼 하고 다닌다면 안 좋은 결과를 초래하기 마련이다. 반대의 경우 항상 희망적인 말을 한다면 긍정적인 기운을 느끼게 될 것이다. 부정적 언어를 자주 사용하면 자연스럽게 나쁜 행동과 이어지고 좋은 언어를 사용하면 긍정적 마인드를 고취시키게 돼 행동 또한 바르게 되는 것이다.

심리학자의 실험을 보자.

10미터 떨어진 거리의 승강기를 타러 가기 전에 한 그룹에게는 노인과 연관된 '늙은', '외로운', '자꾸 잊어버리는', '주름진' 등의 단어를 반복적으로 보여준 뒤 이동시간을 측정했다. 다른 그룹에게는 이와 반대로 나이와 관계없는 일반적인 단어들을 보여주고 이동하게 했다.

결과는 노인 관련 단어들을 반복적으로 들은 그룹의 시간이 오래 걸리는 것으로 나타났다. 단순히 연관 언어를 반복적으로 듣기만 했는데도 이 같은 결과가 나온 것이다. 실제 부정적 언어를 사용하게 될 경우 행동에 미치는 여파는 더욱 클 것이다.

사회 전반에 갑·을 종속관계가 널리 오염돼 있어서 그런지 기업에서도 상사와 부하 직원들 간 '갑질'이 도를 넘는 경우를 볼 수 있다. 특히 젊은 세대들의 사회진출로 인해 과거에 대수롭지 않게 여겼던 일들이 근래에는 사회적 문제로 부상하게 되는 것이다.

대표적인 것이 폭언이다. 부하 직원의 일처리 미숙으로 인해 문제가 발생했고 이것이 상사에게 악영향을 줬을 경우 인격모독·비하 성격이 짙은 추궁이 고성과 함께 쏟아질 때가 있다. 때로는 일과 관련되지 않은 개인 사생활까지 들먹이며 모욕적인 발언을 일삼기도 한다.

이 같은 폭언이 반복되고 그 도가 지나칠 경우 피해자는 심적 고통으로 인해 정신과 치료를 받기도 한다. 조직 내부적으로 이 같은 일이 발생하게 되면 폭언을 한 갑은 스트레스를 일부 해소할지 몰라도 그 주위 부서 분위기는 급속도로 냉각되기 마련이다. 조직의 활력이나 창의성 등은 사라지는 것이다. 반복하면 그 조직은 매사 냉소적이 될 것이다. 심각할 경우 조직원을 잃을 수도 있다. 그나마 조직 내부에서 발생하는 폭언의 피해는 해당 부서에만 국한돼 외부 노출이 잘 되지 않는다. 하지만 외부 고객이나 공급자와의 관계에서 이 같은 폭언이 발생하게 되면 사태의 심각성은 예상조차 힘들 정도다. 심지어 때로는 기업의 경영에 부담을 가져오기도 한다.

우유업체 젊은 사원이 고령의 대리점주에게 막말을 하고 강제로 물건을 밀어낸 것이 사회적 이슈가 된 때가 있었다. 또한 모 대기업 임원이 기내에서 라면을 주문하고 입맛에 맞지 않는다며 폭언과 폭행을 가해 '라면상무'라는 불명예스런 별칭을 얻기도 했다. 앞선 사례는 소비자들의 불매운동을 촉발시켰으며 라면상무는 기업 이미지 실추를 이유로 자리에서 물러나게 됐다.

항공사 오너 경영인은 땅콩서비스를 문제 삼아 직원에게 폭언을 가하기도 했다. 심지어 비행기를 회항시켰다. 회사 이미지 실추는 물론 폭언을 가한 오너 경영인은 구치소 생활을 겪기도 했다.

조직이 패배주의에 사로잡혀 있거나 직원들에게 칭찬보다 질책과 폭언이 난무할 경우 어떤 결과가 나올지 충분히 예상 가능한 사례들이다. 이 같은 조직에서는 생산성 향상이나 자발적 참여는 기대할 수 없게 된다.

『칭찬은 고래도 춤추게 한다』라는 책이 있다. 많은 식물도 좋은 음악과 칭찬을 들으며 성장할 경우 그 속도가 빠르다. 물도 칭찬을 해주면 몸에 좋은 물로 변한다고 주장하는 이도 있다. 동식물에게도 그 효력이 발생하는 칭찬이 인간에게 어떤 영향을 끼칠지 굳이 설명할 필요가 없을 것이다.

좋은 말과 좋은 생각이 구성원들에게 미칠 보이지 않은 영향력은 바로 활발한 조직 분위기와 이에 따른 생산성 향상이다. 리더의 생각과 행동만으로 변화를 가져오게 되는 것이다. 큰 투자도 필요 없다는 점에서 경제적이기까지 하다.

조직의 변화는 리더에게서 많은 영향을 받는다. 리더는 솔선수범해야 한다. 긍정적인 생각을 해서 직원들에게 희망을 불어넣어야 하며 좋은 말과 행동 및 칭찬을 병행하여 직원들이 신뢰감을 갖게 해야 할 것이다. 그러면 직원들은 리더를 잘 따르면서 생산성 향상이라는 선물을 돌려줄 것이다. 조직을 갉아먹는 폭언 반드시 사라져야 한다.

카카오택시와 다면평가, 수평적 관계 전환으로 상호 존중의 조직문화를 형성한다

수도권보다 차량이 적은 지방에 거주하는 필자는 그 동안 카카오택시에 대해 큰 관심이 없었다. 그러다 어느 날 택시가 잘 잡히지 않아 궁여지책으로 한 번 사용했는데, 의외로 신속하고 편리했다.

택시를 타고 가던 중 기사의 스마트폰에 승객에 대한 평가를 묻는 메시지가 오고 기사가 답을 하는 광경을 보게 됐다. 택시에서 내리니 필자의 스마트폰으로 기사를 평가해달라는 메시지가 왔다. 카카오택시는 기존 콜택시와는 전혀 다른 시스템인 것이다. 콜택시는 상담원에게 전화를 한 뒤 확인 전화를 받고 이용하면 끝이었다. 그러나 카카오택시는 상호 평가가 이뤄지고 있었다. 기사도 고객도 서로를 평가할 수 있으니 진상 기사와 진상 고객이 자연히 걸러질 수 있는 장점이 있겠다 싶었다.

고객의 '갑질'이 사회적 논란이 되고 있는 상황을 개선할 수 있는 좋은 방법이라는 생각이 들었다. 이런 양방향 평가는 기업들도 필요하다. 기업은 직원들을 평가할 때 양방향 평가를 적용할 수 있다. 이런 평가를 '다면평가제도'라 한다.

인사 평가 만큼 정도가 없고 공정성을 기하기 힘든 평가도 없을 것이다. 모든 것을 계수화 할 수 없기에 직원들의 태도 혹은 인성평가와 같은 것은 늘 어렵기 마련이다. 그렇다고 정량적인 평가만을 강조할 수도 없는 노릇이다. 특히 상사의 성향에 따라 Bias(편견·편향)가 발생하기 때문에 모든 사람이 만족하는 평가는 매우 어렵다. 여기서 발생하는 근본적인 문제는 일방적인 평가라는 것이다. 공식적으로 상사가 직원을 평가하지 부하직원이 상사를 평가하기란 매우 드물기 마련이다. 때로는 상사의 일방적이고 부당한 평가로 인해 직원들이 떠나는 경우도 왕왕 발생한다. 심각한 인력유출의 원인인 것이다. 이런 문제를 보완하기 위해 다면평가라는 개념과 제도가 소개됐다. 다면평가는 '본인'을 둘러싼 상하좌우 주변 사람들(상사, 부서 동료, 타 부서 동료 및 부하직원들 등)로부터 평가받는 것이다. 막상 평가를 받아본 상사들은 다양한 반응을 한다. 특히 부하직원들로부터 부정적 평가를 접하게 될 경우 누구인지 당장 확인해달라고 난리를 치거나 내 마음을 몰라준다고 삐치는 경우가 다반사다. 물론 피라미드 조직에서 조직의 위계질서를 무너뜨리지 않으려면 상사의 권위가 필요하다. 따라서 부하가 상사를 평가한다는 것은 좋지 않다고 할 수 있을 것이다.

다음은 상사에 대한 평가를 간접적으로 한 사례다.

대부분 회사는 창립기념일에 맞춰 전 사원들과 운동회 같은 행사를 치른다. A 회사에서는 상사와의 공감을 확보한다는 취지로 임원들이 사내 운동장에 각자 판매 부스를 운영하는 이벤트를 실시했다.

직원들은 자기가 좋아하는 임원들의 판매대에 가는 방식이었다. 행사가 시행되자 예기치 못한 일이 발생했다. 인기 없는 임원의 판매 부스에 직원들이 전혀 모이지 않자 당황한 주최 측이 긴급히 직원들을 보내는 촌극이 벌어진 것이다. 모름지기 해당 임원은 느끼는 바가 컸을 것이다. 이처럼 간접적으로라도 직원들이 상사를 평가하는 시간을 갖는다면 상사는 새로운 경험과 함께 자신을 돌아볼 기회를 갖게 될 것이다.

인간관계가 수직적 관계에서 수평적 관계로 전환되고 있는 21세기에 과연 일방적인 평가방식이 정답인지 제고할 필요가 있다. 새로운 관계를 형성하고 운영하려면 평가 방식도 바뀌어야 하며, 이때 상호간의 신뢰가 형성되고 소통도 강화될 수 있을 것이다.

로렌스 피터 교수가 발표한 '피터의 법칙'이란 것이 있다. 이 법칙은 "조직의 서열 구조 속에서 모든 구성원들은 자신들의 무능력을 극대화할 수 있는 위치까지 승진한다"는 것이다. 이 법칙이 상사들에게 적용될 경우 피해는 매우 커진다. 무능한 상사는 무능함이 완전히 드러날 때까지 승진하면서 직원들에게 가혹하게 굴게 된다. 자신의 무지가 탄로 나면 자신의 지시를 따르지 않을 것이란 두려움을 갖고 있으므로 아는 척하기 위해 직원들의 능력을 제대로 인정치 않고 무시하거나 가혹하게 해서 성과를 만들어낸다.

잭 웰치 전 GE 회장이 강조한 바 있는 '실력 없이 성과만을 창출하는 상사들'이다. 이들은 직원들을 닦달해 실적만 챙기기 때문에 직원들의 불만은 증가하고 분위기를 망치며 조직을 서서히 갉아먹는다. 잭 웰치 전 회장은 이런 부류를 찾아내 퇴출시키는 것이 자신의 임무라고 말했다. 이들을 색출하기 위해서도 다면평가 개념이 도입돼 양방향 평가를 할 수 있도록 제도를 보완할 필요가 있다. 다면평가가 잘 운영되고 있는 기업이 있다면 무능한 상사들의 입지가 좁아질 것이다. 또한 동료들의 평가를 의식해 수평적 관계는 강화될 것이다. 협력이 안 되는 독불장군과 같은 외로운 늑대들은 팀워크를 약화시킨다. 이런 부류는 혼자서 역량을 발휘할 수 있는 업무를 부여하는 것이 효과적이다.

일전에 모 기업체의 사장으로부터 얻은 교훈을 소개하고자 한다.

“다면평가 역시 문제점이 있다는 것을 잘 알고 있다. 그러나 나는 다면평가 결과 중 한 가지만은 반드시 확인한다. 동료들로부터 평이 좋지 않은 사람을 걸러내는 것이다”

조직 내에서 때로는 상사의 영향을 받거나 회사 방침을 전개하기 위해 독선적으로 일을 하다보면 부하직원들로부터 나쁜 평가를 받을 수 있다. 하지만 동료들로부터의 나쁜 평가는 소통 및 협업이 안 된다는 의미로 해석할 수 있다. 조직에서 직위가 올라갈수록 담당하는 영역이 넓어지게 되는데 타부서와 협업이 안 된다는 것은 전체 효율을 저하시키는 요인이 된다. 고객과 기업 간 갑을관계도 변화하는 추세에 발맞춰 기업 내부도 상사와 직원 간의 평가 방식도 소통을 중시하고, 상호 존중할 수 있도록 양방향 평가 및 수평적 관계를 구축할 수 있는 방향으로 나가야 한다.

경영방식은 달라도
기업 최고자산은 '인재'와 '신뢰'다

우리나라를 대표하는 두 전자업체가 있다. 이들을 A와 B로 지칭해보자. 출발은 B가 앞섰다. 기술력 역시 우위를 보였다. 하지만 후발주자 A는 뒤늦은 출발에도 불구하고 가파른 상승세로 1위를 탈환했고 오늘날까지 지키고 있다.

A는 성장을 하면서 서구의 주주 위주의 경영을 추구했다. 올림픽, 해외 유명 스포츠팀 스폰서 등을 통해 마케팅을 강화하면서 제품의 우수성 및 인지도를 높이면서 고객 관리, 주주관리 우선으로 다분히 서구식 경영을 해오면서 관리의 기업으로 평을 받고 있다. 분기별 실적 발표에 따라 주식시장의 반응이 민감하게 나타나고 조금이라도 어려운 기미가 보이면 상시 구조조정이라는 미명하에 고위직 사원들을 내보내면서 조직을 항상 젊게 유지한다. 반면 B 기업은 원래부터 인화 및 기술의 기업으로 평이 날 정도로 제품의 우수성이 뛰어난 기업이다. 하지만 매출이나 이익 등 주주로부터의 평가는 후하지 못했다. 이러한 대조적인 실적을 보이던 두 회사에 최근 들어 새로운 평가가 진행되기 시작했다. 과연 서구식 경영이 정답인가 아니면 다분히 동양적인 인화를 중심으로 업의

본질에 충실한 성실한 경영이 정답인가에 대해 새롭게 보기 시작한 것이다.

전자 회사로서 본업은 역시 탄탄한 기술력을 바탕으로 우수한 제품을 만드는 것일 텐데 과연 마케팅만으로 어느 정도까지 성장할 수 있을지에 대해서는 이전부터 회의적인 시각들이 있었다.

오비이락烏飛梨落인지 몰라도 A 기업은 지속적인 인원 감축과 마케팅 활동에도 불구하고 최근 실적이 예전 같지 않다. 특히 시장에서의 운신의 폭이 좁아지고 있으며 경쟁 기업들에게 쫓기는 신세가 되고 있다. B 기업의 경우는 상대적으로 주주들에게 저평가 되면서 기업의 미래가 암울하다는 지적을 받고 있다. 그러면서도 묵묵히 기술 역량을 강화하고 인화 단결을 중심으로 직원들에 대한 구조조정도 서두르지 않았다. 오히려 지난해 220명을 더 채용했다는 것이다.

휘어지는 원통형 디스플레이 장치를 개발하고도 그저 장인 정신에 따라 제품을 만드는 것에 만족을 하지 대대적인 선전은 하지 않았다. 보다 못한 소비자들이 오히려 호평을 하며 시장에서는 새로운 시각으로 다시 평가를 시작했다.

예전부터 누누이 강조되고 있는 것이 '기업은 사람이다', '직원은 비용이 아니고 자산이다'는 것이다. A 기업은 다분히 직원을 비용으로 보는 시각이 강하다. 그렇기 때문에 조금이라도 실적이 안 좋아지면 구조조정의 칼을 뽑아 드는 것이다. 원가절감이 더 우선이다. 마케팅으로 홍보하면 되니 굳이 기술력을 쌓기 위한 인재는 중요성이 떨어진다.

사실 기업이 적자가 아닌 상황에서도 상시 구조조정을 하게 되면 직원들은 항상 불안 속에서 생활하게 되고 모험을 꺼리게 된다. 현 수준을 유지하면서 큰 과오를 저지르지 않기 위해 보신주의로 행동하게 된다. 창의력이나 모험심은 사라지게 된다. 길게 보면 누구한테 손해가 되는지는 말을 안 해도 이해할 수 있을 것이다.

최근 모 대기업이 사업이 어렵다는 이유로 심지어 입사한 지 얼마 안 되는 사원들까지 명예퇴직을 시키다 여론의 뭇매를 맞고 자진 철회한 경우가 있다. 진정 회사를 오래 성장시키려는 의지가 있는지 궁금하다. 소 잃고 외양간 고치는 누를 범하지 말아야 한다. 반대로 상시 구조조정보다는 기술 개발을 위해서 직원들을 독려하고 비용이 아니라 자산으로 대우하는 회사에서는 아무래도 신분 보장에 대한 압박이 적다. 그렇기 때문에 직원들은 활기차게 자신들의 역량을 발휘하도록 노력할 것이며 좋은 제품을 만드는 것으로 보답할 것이다.

전 세계적으로 주주이익 극대화라는 기치 하에 많은 기업들이 단기 업적에 시달리며 직원들을 비용으로 관리하고 있지만 길게 보아서는 정답이 아닌 것임을 경영진들이 빨리 이해해야 한다. '무소의 뿔처럼 혼자 가라'는 표현에서와 같이 기업의 흔들리지 않는 고유 가치를 정립하고 이를 황소처럼 우직하게 실행해야 지속성장이 가능한 것이다.

주주이익 극대화의 문제점들이 많이 발생하다 보니 미국의 델 컴퓨터사는 상장을 포기하고 경영을 하기로 했다. 많은 비상장 기업들이 오히려 안정적으로 운영되고 우수한 실적을 보이고 있는 것도 서구식 경영의 폐해에 대한 반증이다. 급변하는 환경에서 신속성과 유연성을 확보하는 것이 쉽지 않고 방향 설정이 어려울 경우 원점에서 다시 생각하면서 본연의 역할을 되새기며 자신들만의 철학이 담긴 흔들리지 않는 경영 방식도 제고해보아야 한다.

아무리 자동화가 발달해서 사람이 필요 없는 기업 환경이라 해도 결국 새로운 기술을 발견하고 적용하는 것은 사람이 할 수밖에 없다. 기계는 돈만 있으면 빨리 확보할 수 있지만 인재는 확보하기에는 시간이 걸리는 것이다. 시장에서 금방 구입할 수 있는 상품이 아니다. 이익보다도 인재관리가 최고 경영자들이 해야 할 일이다. 그러므로 인재를 양성하는 일을 게을리 해서는 안 된다.

인재를 확보하는데 있어서 제일 중요한 것은 회사와 직원들 간의 신뢰 형성이다. 직원들을 비용으로 보고 이들의 행동을 감시와 통제로 일관한다면 직원들 또한 내가 감시당한다는 것을 아는 만큼 반대급부로 회사의 정책에 대한 불신을 쌓게 된다. 얼마 전 한 의약품 회사가 신약기술을 외국기업들에 판매해 기업의 가치를 높이고 매출신장에 기여한 소식이 있었다. 많은 사람들이 기업의 미래 가치를 얘기하며 주식 가격이 급등했다.

시장의 요란한 반응과는 달리 이 회사의 회장은 그 동안 어려운 시절을 함께 보내며 큰 성취를 이뤄낸 모든 임직원에게 고마움과 마음의 빚을 갚기 위해 회사 주식을 나눠 줬다. 우리는 회사가 어려워졌을 때 직원들이 나서서 급여를 반납하며 회생시켰다는 보도를 종종 접했지만 회사가 나서서 어려운 시절을 동고동락했기에 보상을 해준다는 소식은 들어본 적이 없는 것 같다.

주식 배분 이후 직원들은 사기충천해 모두 하나로 뭉쳐 더 열심히 하자는 결의를 보였다는 기사를 접했다. 당연한 결과이다. 회사와 직원이 상호 신뢰가 형성되면 이로 인한 무형의 힘은 경쟁자들이 감히 따라올 수 없는 것이다. 역시 사람이 최고인 이유가 바로 이것이다.

경영의 본질은 '사람', 1명이 10만 명 먹여 살리는 시대

우리나라 굴지의 대기업 오너 회장이 계열사 사장들을 상대로 보고받는 일이 있었다. 각 계열사 사장들은 만반의 준비를 했다. 행여 질문에 대답을 못하면 어떤 호통이 떨어질지 몰랐기 때문이었다. 일부는 사전 예상 질문·답변을 만들고 심지어 리허설까지 하는 이도 있었다. 대다수 사장들은 경영현황 보고와 관련해 매출 성장 및 이익 규모 등 외형적 성장을 강조했다. 사실 이 같은 보고가 일반적인 모습이기도 했다. 하지만 이때 회장은 의외의 질문을 사장단에게 던졌다.

회장은 "경영실적은 당신들이 잘해서가 아니라 직원들이 잘했기 때문이다. 당신의 몫이 아니다. 당신의 몫은 따로 묻겠다"며 "회사에 인재가 몇이나 되느냐"고 질문했다. 리허설까지 준비했던 계열사 사장들은 그야말로 순간 뒤통수를 맞은 기분이었다. 회장이 경영자들에게 강조하고 싶었던 것은 기업의 미래이자 경영의 본질인 '사람'을 어떻게 선발하고 육성할 것인가에 대한 고민이 필요하다는 것이었다.

국내외를 불문하고 핵심 인재들을 확보하라는 불호령이 떨어졌다. 각 계열사 등은 외국의 유명 대학들을 찾아다니며 설명회와 각종 인터뷰를 개최하는 등 노력을 펼쳤다. 하지만 여기서 간과해선 안 될 중요한 점이 있다. 단순히 지식과 기술만을 보고 채용을 하면 이러한 우수한 인재들은 자신의 생각과 맞지 않거나 미래와 맞지 않을 경우 홀연히 떠난다는 점이다. 기존 사원들과 다르게 별도의 평가를 하지만 이는 다 부질없는 일이고 맘이 변하면 언제든지 떠난다. '산을 지키는 나무는 잘 뻗은 멋있는 나무가 아니라 못 생기고 구불구불한 나무다'는 말이 있다. 멋있는 나무는 사람들이 송두리째 뽑아가거나 잘라가기 때문이라는 것이다.

단순히 외부에만 우수인력이 존재한다는 시각을 유의해야 한다. 내부의 사람들을 육성하고 양성하는 것도 방법이다. 가까이 있는 사람들을 알아보고 훌륭히 대해 주면 외부에서도 소문을 듣고 인재가 찾아올 것이다. 내부의 인재들은 홀대를 하고 외부에서 온 사람들만을 우대하면 오히려 역효과가 날 수 있다. 잠재력 있는 우수한 내부인력들이 차별대우에 불만을 품을 수 있게 되고 아까운 인재를 놓치는 일도 발생할 수 있다. 쭉정이 같아 보일지 모르는 내부 인력들이 회사의 관습과 문화를 잘 이해하고 결국 남아서 산을 지키는 인재들이 될 수 있다.

특히 회사가 성장하고 유명해지기 시작하면 많은 외부 인력들이 관심을 가지고 모여 들게 돼 있다. 그러나 이들 중에는 자신들의 경력 관리를 위해 잠시 다녀가기 위한 목적으로 오는 사람들도 많으니 잘 선별할 수 있어야 한다. 내부 인재를 관리하는 방법에 대해 필자가 경험한 다국적 기업의 내부 인재관리 관리 사례를 소개하고자 한다.

합병 이후 처음으로 본사 이사가 방문했다. 사전 준비사항으로서 재능 리뷰(Talent Review)가 있다고 했다. 연예인 사전 리뷰도 아니고 이 무슨 애기인지 궁금해 했었다. 내용인 즉 향후 관리자로서 양성해야할 사람들에 대한 근무 평점, 보유하고 있는 역량과 같은 재능Talent을 파악하고 앞으로의 육성 계획 등을 물어보는 것이었다. 현재 관리자인 나에 대해서는 별도의 계획을 묻지 않고 나를 이을 후보자들에 대해서 리뷰 하는 방식이다.

관리자로서 양성할 사람과 전문가로서 양성할 사람들을 미리 선별 후 각자의 경력관리를 할 수 있게 한다. 개인들의 역량과 희망하는 업무를 사전에 조사하고 포지션에 맞는 인재들을 선발해 적재적소에 배치하겠다는 것이다. 이 과정은 매년 정기적으로 진행된다. 아무리 신기술이 기업의 경쟁력을 하루아침에 바꾸고 유일한 핵심 역량인 것 같아 보여도 길게 보면 기술보다는 내부에 얼마나 훌륭한 인재를 많이 보유하고 있느냐가 지속성장 가능의 가장 핵심이라는 것이다. 한 명의 천재가 10만 명 이상을 먹여 살릴 수 있지만 이 한 명이 제대로 역할을 하기 위해서 범인들도 필요한 것이고 수많은 기업 기능이 정상적으로 작동하기 위해서도 각 분야를 담당하는 전문가들은 필수적이다.

"세상에 쓸모없는 사람은 없다"고 했다. 사람은 누구나 각자의 고유한 재능을 갖고 태어난다. 어떻게 숨은 재능을 발견해 양성하느냐가 관건이다. 또 다른 경험 하나를 소개한다.

오래된 시절이다. 당시만 해도 부서의 회식이 있는 날이 유일하게 회사 정문을 일찍 나설 수 있는 합법적인 날이었고 좋은 음식도 먹을 수 있어 기대하는 날이었다. 그러나 이런 기대와 달리 부서장은 회식자리도 업무의 연장으로 끌고 가고 부서장의 기분 상태에 따라 회식의 결과가 판가름 나는 것이다. 잘못하면 회식이 지옥으로 변하는 것이다. 이때 이런 문제를 해결하기 위해 야당(야간 당직)이라는 역할을 담당하는 사원을 정한다. 야당은 식당의 선정, 메뉴의 선택부터 회식 행사까지 총괄하며 이 날의 분위기를 성공적으로 이끄는 것이다. 한 사람의 희생으로 다수가 편해지고 회식의 분위기와 결과가 좋아지는 것이다. 누구나 맞지 않으려고 하는 역할이기는 하나 대부분 성격 좋고 활발하고 친화력 있는 사람들이 맞게 된다. 업무 생산성은 약간 저조해도 전체 팀워크를 살리는 일종의 숨은 인재이다. 물론 이 사람들이 항상 야당만 하는 것은 아니다. 궂은일을 마다 않고 실행하는 과정에서 나름대로 조직을 관리하는 방법도 익히게 되고 시간이 지나면 후임자에게 물려주고 자신들의 적성에 맞는 새로운 일을 하는 것이다.

결론은 경영의 본질은 '사람'임을 인지하고 인재를 어떻게 발굴하고 관리할 것인지를 명심해야 하는 것이다. 주주이익 극대화의 압박 속에서 단기 업적에 매달리는 것이 인지상정이지만 진정 기업의 영속성을 생각하며 위대한 기업으로 만들기 위해서는 힘이 들어도 인재를 확보해야 한다. 하늘에서 떨어지는 인재는 거의 없다. 대부분의 인재는 만들어 지는 것이다. 원석에서 보석을 만들어 내듯이 개인들의 숨은 능력과 자질을 파악해 양성해야 한다.

기업의 100퍼센트 달성 전략은 '110~115퍼센트 이내다'

서열을 중시하는 우리 사회는 상하 간을 명확히 구분하는 경직된 구조로 돼 있다. 한국의 서열 문화는 생활 곳곳에 스며들어 있다.

우리나라 부모들은 자녀들이 다른 아이들과 만날 경우 먼저 "너는 몇 살이니?" 하고 나이를 물어보고 "동생이네" 혹은 "언니네" 하면서 아이들의 서열을 정리해준다. 반면 서구에서는 이 경우 서로 이름을 주고받는다. 학교에서는 물론 졸업 후 직장 생활에서도 서열 따지기는 계속된다. 입사 동기들 사이에서도 나이에 따라 상하가 생기고, 기수에 따라서는 선배와 후배가 정해진다. 이런 경향은 여자들보다는 남자들이 더 심한데, 이는 군대 경험 때문이다. 서열과 위계를 강조하는 환경에서는 조직 역시 경직될 수밖에 없다. 기업에서 매년 새로운 목표를 수립하는 과정을 보자. 기업은 일단 의욕적으로 목표를 정한다. 그러나 목표를 높게 잡기 때문에 달성은 쉽지 않다. 만약 한두 번 시도로 목표 달성이 안 되면 '도전 목표', '극한 목표' 등 상당히 원초적이고 자극적인 표현이 등장한다.

이런 환경에서는 불합리한 요구와 지시가 내려져도 부하 직원은 일단 수긍하고 어떻게든 하려고 시도하게 된다. 그러나 의욕만으로는 목표달성이 쉽지는 않다. 그럼에도 기업은 '하면 된다'거나 '할 수 있다' 같은 군대식 강압적 분위기를 조성하면서 목표 달성을 재촉한다.

부하 직원은 의욕적으로 목표를 설정해 보고하는데 그 과정에서 경영자는 목표를 계속 상향 조정하게 되면 부하 직원은 당연히 목표 달성에 부담을 느끼게 된다. 이런 과정이 반복되다보면 부하 직원은 의례 상향된 목표를 부여 받을 것을 예상하며 오히려 본인이 할 수 있는 것보다 낮은 목표를 제시해 상사의 기대치와의 차이Gap를 줄이려 한다. 당연히 경영자와 직원 간의 신뢰는 무너질 수밖에 없다.

심리학에서는 어떤 목표치를 부여할 때 개선 목표치 10~15퍼센트 이내에 있을 때 동기부여가 된다고 본다. 만약 이 수치가 넘으면 의욕이 감소하면서 포기하게 된다는 것이다. 그러나 군대식 문화에 익숙한 경직된 조직은 이런 사실을 개의치 않고 항상 더 높은 목표를 요구한다. 여기서부터 고질적인 문제가 발생한다. 비록 달성하기 힘든 목표라도 서류를 조작하면 얼마든지 달성한 것처럼 보이게 할 수 있다. 불리한 조건은 빼고 유리한 조건들만 제시해 실적을 과장할 수 있기 때문이다. 엄청난 목표를 달성한 것 같은 착시 현상을 만드는 것이다.

성과관리 자체가 애초에 이런 꼼수를 내포하고 있기 때문에 전략이 어떻게 실행됐는지 정확히 파악하기 힘든 것이다. 이런 현상이 심화되면 전략은 단순 구호에 그치며 장기적으로는 방향성을 잃게 된다. 이런 조직은 당장의 문제 해결에만 자원과 역량을 쏟게 된다. 결과적으로 성과관리는 의미를 잃고 실적관리로 변질된다.

사례를 하나 소개하고자 한다. 외국계 기업과 합작한 국내 회사가 있다. 양사 경영진들은 생각의 차이가 크다. 한국 기업은 처음부터 목표를 원대하게 설정한다. 달성 목표를 120퍼센트로 설정하고 달성하겠다고 하면서 온갖 활동을 한다. 심하게 표현하면 생난리를 쳐도 결국은 100퍼센트에 가까운 실적을 만들어 낼 뿐이다. 반면 외국계 기업은 처음부터 자신들이 의욕적으로 달성할 수 있는 100퍼센트의 목표를 설정하고 이를 맞추기 위해 노력한다. 결국 그들은 불필요한 노력 없이도 100퍼센트에 가깝게 성과를 낸다.

경영자들은 이를 심각하게 생각해 볼 필요가 있다. 한국은 OECD 국가 중 노동생산성이 낮은 국가다. 야근, 특근 및 잔업 등에다 에너지를 소진하는데 이들 중 상당수는 외국기업이라면 하지 않을 일들이다.

불필요한 노력은 삶의 질을 떨어뜨리는 주요 원인인데, 서열 중심의 경직된 문화가 이런 불필요한 노력을 부추긴다. 경직된 업무 환경에서는 상호 신뢰를 형성하기도 쌍방향 소통을 하기도 어려워진다.

서열 중심의 경직된 문화가 반드시 나쁘다는 것은 아니다. 일단 목표가 정해지면 일사불란하게 움직인다는 장점도 있다. 우리가 조심해야 할 것은 실현가능성을 무시한 채 일방적으로 설정하는 목표치와 이를 밀어붙이는 방식이다.

경쟁 기업들이 스마트하게 일하는 것을 보며 단순히 부러워하지만 말고 우리도 경영에 선진 기법을 시도할 필요가 있다. 경영진은 시행착오가 두려워 새로운 방법을 시도하지 않는 본인의 모습을 반성할 필요가 있다.

벤치마킹은 제조 생산성을 높이거나 제품을 개선시키는 데에서 그쳐서는 안 된다. 궁극적으로 국내 기업이 벤치마킹할 분야는 '일하는 방식'

이어야 한다. 불필요한 일을 하지 않는 방식, 경직되지 않은 조직 문화를 만드는 방식 등을 고민할 필요가 있다. 그래야만 성과관리도 제대로 이뤄지고 노동생산성도 높아질 수 있을 것이다.

리더의 역량이 글로벌 경쟁력 원천이다

기업이 정보시스템을 구축하는 과정을 보면 초기에는 여느 기업이나 유사한 모습을 보인다. 하지만 정보화의 정도가 높아질수록 기업 고유의 시스템이 존재하기 마련이다. 기업마다 가지고 있는 관습·문화·전통 등이 시스템에 영향을 주기 때문이다.

필자는 2년 남짓 미국계 기업에서 근무한 경험이 있다. 그때 필자가 이해한 정보시스템의 특징은 기업 차원을 떠나 국가에 따라서도 다를 수밖에 없다는 것이었다. 국민성, 사회규범 등이 영향을 끼친다. 우리가 단순히 "외국계는 방식이 달라"라는 말 역시 이 같은 이유가 아닐까 생각해봤다. 미국의 경우 '인종의 용광로'라 불릴 만큼 전 세계인이 모여 사는 곳이다. 그래서 문제가 발생하기도 한다.

우리나라와 중국·일본만 하더라도 한자문화권인데다 인접 국가라는 공통점에도 불구하고 사뭇 다르다. 하물며 미국은 어떻겠는가. 자연히 미국사회에서는 다수의 인종과 민족이 문제없이 생활하기 위해 매뉴얼, 표준 등이 꼭 필요했다. 모병제를 채택한 미 육군에서 '야전교범(FM, Field Manual)'을 만든 까닭도 이 때문일 것이다.

미국의 표준화는 여러 민족들의 커뮤니케이션 에러를 최소화하기 위한 일종의 '하향평준화'로 볼 수 있다. 따라서 '최소한'이다. 매뉴얼대로만 행동했다면 설사 잘못된 결과가 나와도 면책사유가 된다. 결과를 중시하는 우리문화와 전혀 다른 셈이다. 미국생활 당시 뼈저리게 느꼈다. 미리 알 수 있는 결과를 놓고도 다시금 하나씩 확인하면서 시간을 허비하는 것을 보고 있노라면 우리 기준에서는 울화통이 치밀 정도로 답답함을 느끼게 된다.

미국 문화는 대다수의 국민들을 거대한 사회조직의 부품으로 만들어 놓고 정해진 대로만 움직이도록 한다. 일부 엘리트라 불리는 특수 계층이 법과 질서와 통제권을 가지고 이끌어 간다. 하지만 동시에 특출난 개인이 등장할 수 있는 기회는 마련해둔다. 즉 천재·영재들이 새로운 부를 창출하면서 지속가능한 성장을 꾀한다. '한 명의 천재가 10만 명을 먹여 살린다'는 표현 역시 이런 시스템 때문에 등장했을 것이다. 따라서 한국식 경영 및 사고방식과는 근본적으로 다를 수밖에 없다. 우리는 협동심을 통해 논리적으로 계산할 수 없는 시너지를 만들어낸다.

2002년 월드컵이 좋은 사례라 할 수 있다. 당시 외국 국가대표팀 선수들과 우리 선수들의 몸값 차이는 컸다. 상대팀 유명 선수 한 명의 몸값이 우리 팀 전체 몸값보다 높은 경우도 부지기수였다. 하지만 우리나라 선수들은 '단결력'을 바탕으로 4강 신화를 써내려갔다. 미국처럼 천재를 중요시하는 환경에서는 상식적으로 납득할 수 없던 일을 일궈냈다.

미국과 유럽연합의 프로골프 대표 선수들은 2년마다 국가 대항전 성격을 가진 '라이더 컵'을 치른다. 개개인의 실력을 보면 늘 미국의 대표팀이 우위를 점해 압승을 예상하지만, 막상 대회가 시작되면 유럽팀이 승리를 거둘 때가 많다. 이런 결과는 왜 나오는 것일까. 혹자는 미국과 유럽의 인기 있는 운동 종목 때문이라고 한다. 미국은 개인주의가 발달해 있으므로 스타플레이어 중심의 운동 경기를 좋아한다는 주장이다. 반면 유럽은 축구와 같이 '단체운동'을 좋아하고 또 '협동심'을 요구한다.

유럽 선수들은 어려서부터 축구 등을 하면서 자연스럽게 협동심을 길러왔다. 팀 문화가 체질화됐다. 그래서 두 명의 선수가 각각 하나의 공을 번갈아 가면서 치는 방식, 즉 두 선수가 각자 친 골프공 가운데 더 좋다고 생각하는 공에서 새롭게 치는 경기 방식에선 협업이 잘되는 유럽 선수가 유리하다는 논리다.

타이거 우즈가 세계 랭킹 1위로 전성기를 구가하던 시절, 랭킹 2위 필 미켈슨과 한 조가 돼 경기를 진행한 적이 있다. 18홀 내내 둘은 서로 한마디도 주고받지 않았다. 각자 열심히 공을 치기만 했다. 당시 이를 지켜보면서 '이렇게 협업이 안 되는 경우가 있을까'하는 생각이 저절로 들었다.

미국 기업 직원들이 일하는 방식을 경험해 보니 미국 사회의 단면이 보이기 시작했다. 개인들 업무를 세분화 시켜놓고 각자 자기가 맡은 일만 하도록 되어있다. 다른 사람의 일에 관여할 생각도 안하고, 해서도 안 된다. 조직도 의미가 없다.

우리의 경우는 피라미드처럼 수직 구조를 가진 조직에 의해 개인보다 조직의 목표를 추구하는 방식이다. 미국 기업은 자기 상사(보스)하고만 업무를 진행한다. 조직의 의미가 희박하다.

미국 국민들이 마치 거대한 톱니바퀴의 일부분으로 사는 것 같다고 느꼈다. 각자 세분화된 자기 일만 하다 보니 우리 방식과 비교해 보면 비능률적인 면이 보인다. 우리는 한 사람이 보통 3~4개의 업무를 수행하고 있다. 어떤 업무에 대해 담당자 한 사람한테만 문의할 경우 쉽게 답을 찾을 수 있다. 그러나 미국기업의 경우는 이를 여러 사람이 쪼개서 일하므로 한 사람에게 물어선 절대로 한 번에 답을 찾을 수 없다. 수소문 끝에 몇 군데 연락을 하고 퍼즐 맞추듯이 여러 정보를 짜맞춰도, 단지 내용을 이해할 수 있는 정도에 그치기도 한다.

2002년 월드컵 당시 히딩크 감독이 보여줬던 리더십이 바로 이 부분이다. 한국 선수들을 유심히 관찰해보니 특정 포지션에 전문화된 유럽의 유명 선수들과 달랐다. 다수의 한국 선수가 왼발, 오른발을 두루 사용할 줄 알고, 포지션도 다양하게 소화해낸다는 사실을 발견했다.

히딩크는 이런 강점을 살리는데 초점을 맞춰 선수들을 훈련시키고 기량을 기를 수 있게 했다. 협동심은 당연한 것이었다. 이것이 히딩크 리더십의 본질이다. 뛰어난 기량을 가진 천재는 없지만 비슷한 수준의 다재다능한 사람들이 모여, 협동심을 발현할 때 나타나는 시너지는 산술적으로 계산이 안 된다. 여기서 새로운 궁금증을 갖게 된다. 이렇게 재주가 많으며 높은 생산성을 보유한 우리나라가 왜 OECD 국가 중 가장 낮은 업무 생산성을 자랑하는지에 대해서다. 필자는 이에 대한 대답도 미국기업에 찾고자 한다.

미국 기업의 사원급, 중간관리자, 그리고 리더들을 상대해 보니 저절로 알게 된 부분이다. 부품화 된 사원들은 정해진 일, 시키는 일만 착오 없이 진행하면 된다. 상사들은 자신이 일하는데 필요한 정보들을 부하직원으로부터 받아서 일을 처리한다. 또한 과정을 중요시 하는 문화이다 보니, 상사들도 일의 진행과정을 꿰뚫고 있다. 반면 우리나라의 경우 상사들은 보고서 작성이나 의사 결정이 필요할 경우, 결과만 챙기다 보니 과정을 잘 모른다. 부하직원의 보고서를 이해하기 힘들어하는 게 당연하다.

결국 보고서 내용을 자기 수준에서 이해할 수 있도록 여러 번 바꾸는 작업을 하느라 시간을 허비하게 된다. 비능률적으로 전락하게 되는 과정이다. 결과적으로 한국기업과 미국기업의 생산성 차이는 상사 및 리더들의 경쟁력 차이라고 말할 수 있다.

실제 업무를 수행하면서 의사 결정을 하는 리더들과 업무는 모르고 의사 결정만 하려는 리더들 간 차이는 엄청나게 컸다. 업무 생산성을 저하시키는 결과는 주로 상사들이 만들어낸다.

여기서 배울 수 있는 교훈 한 가지. 한국 기업들이 글로벌 경쟁에서 이길 수 있는 방법은 하루 빨리 리더들의 일하는 방식을 바꿔야 한다는 점이다. 큰 투자 없이 비교적 빠르게 할 수 있는 방법이다.

그리하면 직원들이 'Work Balance'도 높일 수 있고 자기계발을 할 수 있는 시간도 더 많이 확보되면서 선순환을 일으킬 터이다. 그럴 때 우리 기업 경영도 '월드컵 4강'처럼 가능한 일이 될 것이라 생각한다.

Ⅲ. 소통

사람 중심의 지속성장을 위해
인재를 양성하고
내부 소통을 활성화 하여
변화를 통한 혁신을 이루어 내고
성과를 유지하면서 리스크를 최소화 한다

대화나 소통은 혼자서 하는 것이 아니다. 상대가 있다는 것이다. 당연히 오고가는 것이 있어야 한다. 그럼에도 불구하고 조직 내에서의 상하 간의 소통, 대화 노력은 아직도 Top-Down 방식으로 전개된다. 참고 기다려야 한다. 진정으로 변화된 모습을 느꼈을 때 서로가 마음을 열고 다가 설 수 있는 것이다. 상대방을 신뢰하고 배려하는 연습이 충분치 않으면 안 하는 것보다 못한 것이다. 서로가 감시하는 환경에서는 어떤 노력도 소통에 도움이 될 수 없다.

몸의 신진대사 모델 도식화 기업의 프로세스 접목 시 전체 최적화 경쟁력 높인다

사람이나 기업에 있어서 중요한 것 중 하나가 순환일 것이다. 몸의 기와 혈액의 흐름이 원활해야 큰 병 없이 살 수가 있는 것이다. 기업도 내부의 의사소통에 문제가 없어야 불필요한 일과 낭비를 없앨 수 있다. 또한 물류의 흐름에도 정체나 악성 재고가 없이 최소의 재고를 유지하면서 순환할 수 있다. 순환에는 선순환이 있고 반대로 악순환도 존재한다.

몸의 순환 과정인 수승화강水昇火降을 먼저 파악해 보자. 수승화강은 신장에서 차가운 물의 기운이 간으로 올라가서 열을 식히고 불의 기운을 관리하는 심장을 식혀주고 다시금 차가운 공기를 흡입하는 허파를 거쳐 신장으로 되돌아오는 일종의 냉각시스템이다. 이 순환과정이 잘 이루어져야 우리 몸은 건강을 유지할 수 있다.

장기가 원활하게 작동하면 각 장기들과 관련된 감정 조절도 통제하기가 쉽다. 반대로 스트레스로 인해 감정 조절이 잘 안 되면 장기는 정상적으로 작동되지 않을 수 있다. 우리 인간이 느끼고 반응하는 7가지 감정인 희로우사경공비喜怒愚思驚恐悲는 각각 담당하고 있는 장기가 있다.

장기들이 7정情을 관리하는 역할을 살펴보자. 우리는 평소와 달리 겁

없는 행동을 할 경우 '간이 부었나?'라는 표현을 쓴다. 반대로 겁을 먹게 될 경우 '간담이 서늘하다', '간이 콩알 만해졌다'라는 표현을 사용한다. 간은 분노 또는 용기를 관장한다. 반면 비장은 근심과 생각을 관장하는 기관이다. 너무 깊은 고민을 하거나 일어나지도 않을 일들에 빠져 근심을 하게 되면 입맛이 떨어지고 만사 의욕이 없게 된다. 우리의 일상적인 표현에 '비위가 거슬린다'라는 표현이 있다. 입맛이 없거나 식욕을 떨어뜨리는 경우를 말하는 것이다.

심장은 기쁨을 주관하는 장기이다. '기뻐 죽겠다'라는 말이 있다. 흔치 않지만 예전에는 축구 TV 중계를 보다가, 혹은 복권에 당첨 사실을 알고 심장마비로 죽었다는 사례가 종종 보도 되었다. 허파는 슬픔을 관장하는 장기이다. 우리가 울게 되면 콧물을 반드시 동반하는 것도 허파와 코가 연결되어 있기 때문이다.

마지막으로 두려움과 공포를 관장하는 장기는 신장이다. 극도로 긴장을 하거나 겁에 질리게 되면 자기도 모르게 오줌을 지릴 수 있다. 이는 신장의 기능과 관련이 있다.

수승화강의 원리가 작동하는 우리 몸은 장기들을 조절하고 감정도 조절하면서 상호 협력 체계를 유지하고 있다. 반면 기업에는 어떤 상호 협력 체계가 필요한 것일까.

기업을 운영하는 사람들은 매일 진행되는 경영 현장이 매끄럽게 관리되는 것을 원한다. 직원들의 업무처리 미숙으로 인한 오류, 재작업, 운영에 필요한 자재 부족, 결품으로 인한 고객 납기 지연 등으로 하루를 보내고 싶지는 않을 것이다. 그러기 위해서는 전체 프로세스가 서로 협업을 하면서 전체 최적화가 돼야 한다. 시장으로부터 고객의 수요를 정확히 파악해서 주문과 납기를 받아오면 이를 토대로 현재 보유하고 있는 재고를 감안하여 추가로 필요한 생산량을 계산하고, 필요한 재료들을 적기에 공급하며, 계획에 따라 제품을 생산한다. 끝으로 고객에게 공급해서 최종적으로 대금을 회수하는 사이클이 물 흐르듯이 진행되어야 한다.

다시 말하면 신제품 개발에서부터 제조 및 판매에 이르기까지 공급망(Supply Chain)이 관리가 되어 최소의 재고로 고객의 수요를 적기에 대응하는 것이다. 아래 그림과 같은 과정이 이론적으로는 매우 단순하고 쉬워 보이지만 실제 현장에서는 이를 저해하는 많은 활동이 존재한다.

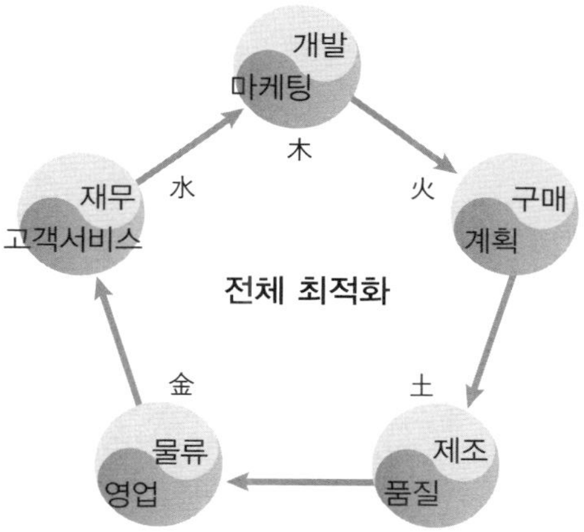

개발부서는 마케팅부서에서 제시하는 고객과 시장이 요구하는 제품을 설계해 필요한 부품, 원재료 등을 구매부서에 정확히 전달해야 한다. 구매부서는 전달받은 규격에 따라 양질의 원재료들을 필요한 시기에 공급하고, 제조부서는 준비된 원부재료를 가공·조립하여 정상적인 제품을 만들어 내야 한다. 불량품이 많아져 제품을 폐기하면 이는 원가 증가 요인이 된다.

잘 만들어진 제품을 적기에 고객에게 전달해야 하는 것이 물류부서의 역할이다. 영업부서는 정확한 주문을 충족시키는 것이 중요하다. 판매된 제품에 대해 고객으로부터 대금을 받게 되면 이익이 창출된다. 재무부서는 자금의 관리를 총괄하면서 새로운 제품 개발을 위한 여유자금을 확보하고 공급해준다. 이와 같은 사이클이 전체 최적화의 순서이다. 그러나 기업이 세분화, 전문화되면서 직원들은 자기가 하고 있는 일밖에 모르게 된다. 협업을 하고 싶어도 어디서부터 어떻게 시작해야 하는지 모르는 것이다. 고객을 만족시키기 위해서는 품질, 원가, 납기를 경쟁자들보다 각각 '좋게' '싸게' '빠르게' 제공해야 한다. 이를 위해서는 부서를 아우르는 통합된 업무처리가 필요하다. 서구식 방법은 부서 간 상호 협력과 책임 경영진이 리더십을 가지고 이를 총괄하며 끌어나가는 것이다.

문제는 기존의 서구식 기법은 부서 간 업무를 복잡한 수평적인 업무흐름으로 순차적으로 설명을 한다는 점이다. 시작과 끝의 연결이 용이하지 않아 전체를 놓치게 되는 경우가 자주 발생한다. 이를 보완할 수 있는 방법으로 『동의보감』에서 얘기하는 오장육부의 수승화강 모델을 도식화해 프로세스를 접목시키니 파악이 용이해졌다.

상호간의 협력이 깨졌을 경우 연결 고리의 누락을 그림을 통해 쉽게 확인할 수 있다. 음양오행은 우리 내 정서에 깊이 새겨져 있기에 이해하기가 한층 쉽다. 가장 단순한 것이 제일 설명하기 쉽고 이해하기 좋은 것이라는 말이 있다. 복잡한 기법 이전에 상식적이고 직관적으로 파악할 수 있는 방법이 더 효과적이다.

마이클 포터는 '가치사슬'을 통하여 개발/구매/제조/물류/재무의 프로세스들이 있음을 보여 주었다. 수승화강과 음양오행은 개발→구매→제조→물류→재무의 순서로 협업이 이루어지고 업무의 흐름이 원활하게 흘러야 기업이 원하는 효율을 만들어 낼 수 있음을 설명해 주고 있다.

몸의 신진대사가 잘 이루어져야 면역력도 높아지면서 환경 변화에 쉽게 적응할 수 있듯이 기업도 내부 소통이 잘 되고 물류, 정보, 자금의 흐름이 막히지 않아야 외부 경영환경 변화에 신속히 적응할 수 있는 면역력을 갖출 수 있는 것이다. 자연의 이치 및 순환원리 대로 기업을 경영하는 것이 바로 전체 최적화를 추구하는 것이라 할 수 있다.

기업의 소통 언어 '성과지표'로 고효율 창출한다

우리는 몸짓, 음성, 기호 등 다양한 방법으로 소통을 한다. 가장 강력하고 확실한 것은 언어지만 같은 언어권이 아닌 경우 통역이 필요하고 배우는데 시간이 오래 걸리는 단점이 있다.

반면 수학 공식, 과학 공식, 교통표지판과 같은 수식이나 기호 및 그림으로 된 것은 별도의 큰 노력이 없어도 일정 수준의 교육을 받으면 알 수 있다. 대부분의 사람들은 아인슈타인의 유명한 공식 '$E=mc^2$'의 정확한 의미는 모르더라도 E가 '에너지'라는 것과 이를 토대로 원자폭탄이 만들어졌다는 기본적인 사실 정도는 이해한다. 음악을 예로 들어보자.

악보에서는 박자, 음의 높고 낮음, 반복 등을 다양한 기호로서 표현하고 있다. 기본적인 음악 교육을 받아 악보를 볼 수 있다면 세상 어느 누구와도 소통할 수 있다. 소통을 위해서는 서로 공통으로 이해하고 있거나 의미를 전달 할 수 있으면 된다.

2012년 11월 중국 출신의 천재 피아니스트 랑랑(朗朗, 1982~)의 연주를 들으러 갔다. 수원시립교향악단과의 협연이었다. 이전 피아니스트 독주회에서는 피아니스트의 연주 자체에 몰입을 했던 경험을 했었다. 반면 이번 연주회에서는 피아니스트가 교향악단과 협연하는 재미를 만끽할 수 있었다.

관현악단에는 수많은 악기들과 그것을 연주하는 연주자들이 있다. 매번 곡이 끝날 때마다 지휘자와 악단들과 혼연일체가 되는 모습에서 감동을 받았다. 너무 아름다운 광경에 절로 빠져드는 멋진 연주였다.

문득 연주 중 많은 비중을 차지하지 않는 악기라 하여 정상적인 연주를 못했을 경우 과연 무시할 수 있을까 하는 의문이 들었다. 프로들의 세계에서는 옥에 티로 치부하기엔 치명적인 실수일 것이다. 그리고 민감한 관객들은 그들의 실수를 쉽게 찾아낼 수 있을 것이다. 랑랑은 전 세계에서 바쁜 일정을 소화해야 하는 피아니스트다. 단 1회 공연을 위해 그가 한국에서 체류할 수 있는 시간은 그리 길지 않았을 것이다. 리허설도 고작해야 한두 번 정도이었을 것이다. 서로 다른 언어로 인해 의사소통이 쉽지 않을 것은 당연한 것이고 이들은 함께 생활하는 것도 아니었으니 연습 시간 또한 충분치 않을 것이었다. 그가 어떻게 완벽하게 연주 준비를 마칠 수 있었는지 궁금해졌다.

생각해보니 답은 의외로 간단했다. 악보가 바로 답이다. 악보에 그려진 수많은 음표, 쉼표, 박자는 공통의 언어이다. 악보에 있는 기호들은 연주자들에게 시작과 끝을 알리고 경중과 완급들을 조율할 수 있게 해준다. 악보가 공통의 언어로 의사소통이 가능하게 해준 것이다.

랑랑과 교향악단 사이에는 일반인들은 해독하기 힘든 악보가 있었다. 이들은 공통의 기호를 통해서 빠르게, 느리게, 강하게, 약하게 등의 신호를 주고받으면서 멋진 연주를 소화해 내는 것이다. 연주에서는 혼자 먼저 가는 사람이나 느리게 가는 사람이 없다. 만약 있다면 관객들이 먼저 알아차리게 된다. 이 얼마나 환상적인 소통인가. 사용빈도가 낮은 악기라도 자기 역할을 충실히 하지 않으면 곧 전체를 무너뜨릴 수 있다.

경영에 있어서도 이런 소통의 방법은 없을지 생각해보자. 각종 재무제표와 주요 성과지표(Key Performance Indicator)는 주주, 경영자 및 직원들 간의 간결하면서도 함축된 커뮤니케이션 방법이다.

재무제표와 성과지표는 회사 전반적인 운영 실태를 대표적인 숫자들로 작성한 것이다. 회의 때 자주 다루어지는 숫자들이다. 이를 이해하면 경영상의 문제점을 찾아낼 수 있다. 실적 부진을 찾아내고 해결 방안과 중간 진행과정을 파악하기 위해 숫자들의 값을 공유하는 것이다.

주주들은 회사의 현재 및 미래 가치를 파악할 수 있고, 경영자들은 내부 효율 및 실적과의 차이Gap를 파악해 직원들과 극복 방안을 소통할 수 있다. 직원들과 눈높이를 맞추고 상호 이해를 높이기 위하여 성과지표에 대한 약간의 공부가 필요하다. 그 동안 주주나 경영자들은 경영의 마지막 결과물인 재무제표에는 익숙해져 있는 반면 이를 만들어 내는 과정인 주요 성과지표들에 대한 이해도는 낮은 편이었다. 이들은 과정보다는 결과에 익숙한 소통 방법만을 알고 있으므로 직원들이 설명하는 과정에 대하여 귀 기울이지 않고 중요도를 폄하하여 '사후약방문'식의 처방을 할 수밖에 없었다. 공통 언어의 영역을 넓히는 것이 쌍방향 소통의 지름길이다.

재무성과와 과정지표들에 대한 이해도가 높아진다면 상하간의 소통은 한결 더 원활해질 것이다. 보충 설명을 하기 위해 투입되었던 각종 불합리한 보고서 작성, 대책 마련 등이 없어지면서 오히려 더 높은 효율 및 성과를 가져오는 선순환 구조를 만들 수 있게 된다.

고삐의 본질은 소통, 긴축과 이완의 유연성이 있어야 한다

우리는 긴장할 필요가 있거나 주의를 집중시킬 때 '고삐를 늦추지 말라'는 표현을 자주 사용한다. 그러나 승마를 해보면 고삐는 말을 달리고 멈추고 방향을 바꾸는 데 사용하는 것이지 긴장감을 유지하기 위한 용도로는 많이 사용하지 않는다. 오히려 고삐를 항상 당기고 있으면 예기치 못한 상황이 발생하게 된다. 고삐는 말의 입과 연결되어 있다. 말의 입장에서는 재갈을 물린 것과 같은 셈이다. 고삐를 계속 당기고 있으면 말은 신경질을 부리면서 머리를 흔들기도 하고, 잘 달리다가 멈추기도 한다. 고삐를 계속 당기고 있으면 말의 입장에서는 입이 답답해지고, 고삐를 출렁거리게 흔들면 재갈을 흔들어대는 상황이 돼 신경질을 부리게 된다. 조금만 흔들려도 안 되고, 계속 당기고 있으면 말은 갑자기 뛰어나가거나 속도를 늦추며 멈춘다. 심하면 뒤로 가기도 한다.

필요시에만 고삐의 강약을 조절하면서 이동속도 및 시작과 정지를 지시해야 한다. 불필요한 움직임을 없애면 말도 안정이 되어 편안하게 달린다. 고삐는 인간과 말이 신호를 주고받는 수단이다. 필자는 승마를 통해 고삐는 통제가 아닌 소통의 수단이란 사실을 깨달았다.

소통의 수단인 고삐를 기업에서는 통제의 수단으로 사용하고 있는 것이 사실이다. 경영진은 경영실적이 나빠지면 고삐를 당겨 강도 높은 통제를 실시한다. 실적이 좋은 경우에도 긴장의 고삐를 늦추면 안 된다고 하며 긴축을 강요한다.

일방적인 지시와 소통에 익숙한 경영진들은 쌍방향 소통의 필요성과 방법을 모른다. 계속 긴장감을 유지할 경우 직원들이 받게 되는 고통과 스트레스를 생각해보지도 않고, 왜 안 가느냐며 박차를 가하고 채찍질을 한다. 고삐를 계속 당기기만 하는 것이다. 여기서 문제가 발생한다. 계속해서 고삐를 당기면 직원들 역시 말처럼 짜증이 나게 된다. 뿐만 아니라 언제 정상으로 돌아갈지 알 수 없는 상황에서 반복되는 통제에 무감각해진다. 과거 산업화 시대에는 수직적 소통이 주류를 이뤘다. 정보화 시대로 진입한 현재는 수평적 소통이 필요한 시기이다.

젊은 세대들은 어려서부터 이미 인터넷에 익숙해져 있으며 소셜 네트워크Social Network를 통해서 의견을 주고받는 것을 더 편리하게 느끼는 세대이다. 실제로 최근에는 직원들이 상사와 대면 대화를 꺼리는 현상이 나타난다. 물론 이로 인하여 오해가 생기게 되고 불편한 점도 발생하긴 하지만 이들은 채팅을 더 선호한다. 수평적인 의사소통을 하기 위해서는 무엇보다 상대방에 대한 배려가 필요하다. 상대방이 무엇을 느끼고 있으며 무엇을 원하는지를 파악해야 한다. 평소에는 일방적인 지시를 내리면서 이벤트성으로 직원들과 단발적인 대화의 자리를 마련하는 것으로 노력을 다한 것처럼 생각하면 큰 오산이다.

배를 띄우기 위해서는 물이 필요하듯 성과를 창출하기 위해서는 직원들이 필요하다. 나를 대신해서 내일을 처리해주는 사람들이 바로 직원들이다. 경영자들은 직원들에게 도움을 받고 있다는 생각을 먼저 해야 한다. 고삐를 당길 생각만 하지 말고 늦추는 법도 알아야 직원들과의 의사소통이 개선될 것이다.

어떠한 일을 시작하기 전에는 고삐를 움켜쥐면서 긴장을 늦추지 말아야 한다. 그러나 일단 착수하게 되면 상황에 따라 긴장의 고삐를 조였다 늦췄다하는 것이 반드시 필요하다. 자포자기한 상태에서 일을 하는 직원에게 창의력이 나올 것을 기대한다면 큰 오산이다. 일방적인 지시에 익숙해진 직원들은 경영자가 요구하는 것만 한다. 따라서 새로운 일을 의욕적으로 할 수 없게 된다.

말을 타다보면 언제 어떤 상황에서 말이 비정상적인 활동을 할지 모른다. 놀란 말이 갑자기 달아나거나 뛰어오를 경우 고삐를 놓치거나 말에 오르거나 내릴 때 고삐를 잡는 것을 잊는 경우 말에서 떨어지는 일이 발생할 수 있다. 그래서 승마 교관들이 고삐를 한시도 놓지 말라고 말하는 것이다. 지금까지 우리는 고삐라는 단어를 통제와 연관시켜 사용해왔다. 그러나 고삐의 본질은 어떤 상황에서도 정신을 잃지 않고 큰 부상을 입지 않도록 안전을 확보하는 것이다. '고삐를 늦추지 말라'는 표현보다는 '고삐를 놓치지 마라'가 더 적합한 표현일 것이다.

우리는 통제 중심의 '고삐를 늦추지 마라'식의 사고에서 벗어나 '고삐를 놓치지 마라'는 식으로 인식을 전환할 필요가 있다.

조직의 리더는 구성원과 신뢰를 최우선으로 생각하라

필자는 승마를 배우고 있다. 평보(걷기), 좌속보(앉아서 빠르게 걷기), 경속보(빠르게 걷기)로 이어지는 초보 과정을 지나서 말을 타고 달리는 '구보' 단계에 진입했다. 평보와 구보는 승마 요령이 다르다. 말은 걸을 때와 달릴 때 몸의 움직임이 달라진다. 걸을 때는 차례대로 앞발 뒷발이 교대로 움직이기 때문에 상하 움직임이 그다지 크지 않다. 그러나 달리기를 할 때는 두 발씩 땅을 짚으면서 움직이므로 상하로 움직이는 폭이 커진다. 속도 역시 빨라지게 된다.

말이 달리면 진폭이 커지므로 중심을 잡기 힘들어져서 기승자는 난감해지기 시작한다. 엉덩방아 찧듯이 쿵쾅거리고 급기야는 낙상할 것 같은 불안감에 휩싸이게 된다. 떨어지지 않으려 안간힘을 쓰다보면 온몸에 힘이 들어가기 시작한다. 교관은 계속 힘을 빼라고 하고, 고삐를 계속 잡아당길 경우 갑작스레 말이 멈춰 무게 중심이 쏠리면서 앞으로 고꾸라진다고 경고를 한다. 여기서 알아야 할 당연한 사실 한 가지는 승마장의 말들은 이미 길들여져 있는 말들이라는 것이다. 돌발 행동을 할 위험성이 적은 말들이다. 말이 하자는 대로 따라가면 안전하게 탈 수 있다. 그러나 우리는 말이 길들여져 있다는 사실은 잊은 채 겁을 먹고 몸 고생과 마음 고생하는 것이다. 교관들은 말을 믿고 연습을 하라고 강조한다. 말 역시 기승자의 움직임을 느끼면서 교감을 하는데, 사람이 자신을 믿지 못한다는 신호를 보내게 되면 말 역시 곤란해지는 것이다. 말 역시 느낌을 아는 생명체이기 때문에 상호 신뢰 형성이 필요한 것이다. 실력이 향상된다는 것은 말의 움직임과 동화되는 능력이 향상된다는 말이다.

이제 경영으로 돌아가 조직의 구성원들과 상사들과의 소통 사례를 살펴보자. 만약 상사들이 직원의 마음을 헤아리지 않고 일방적인 지시를 통해 업무 중심으로 조직을 운영한다고 가정해 보자.

말보다 훨씬 영리한 직원들은 일방적인 지시를 내리고 자신의 영달을 추구하는 상사를 신뢰하지 않을 것이다. 신뢰가 없으므로 원활한 소통이 이루어질 수가 없게 된다. 직원들은 마지못해 일을 하는 척할 것이다. 반면 공감대를 형성하게 되면 눈빛만 봐도 알 수 있을 만큼 신뢰도가 향상된다. 직원을 믿을 수 있어야 업무의 권한이양이 이뤄질 수 있다. 상사가 움켜쥐고 있던 권한을 내려놓기 시작하면 본인은 여유로워지면서 직원들의 역량을 높일 수 있는 계기가 된다. 그러나 상호 믿음이나 신뢰가 없으면 감시와 통제가 등장하기 시작한다. 직원들의 일거수일투족을 모니터링하는 컴퓨터 시스템이 등장하고, 근태관리가 강화되고, 모든 의사결정은 상급자에게 몰리면서 책임회피 현상까지 발생하게 된다. 이런 악순환은 조직 구성원의 사기를 저하시키고, 상호 불신을 만들어 대표적인 대기업 병인 '의사소통의 부재'를 만들게 된다. 만약 조직 구성원들이 이런 상황이면 해당 조직에는 어떤 일이 발생할 것인가? 아마 기업은 성과를 내지 못하고, 리더는 낙마하고, 조직은 해체될 것이다.

우리와 문화가 다른 외국 기업의 경우는 오히려 회사와 직원들 간에 상호 신뢰를 우선으로 하고 있는 모습을 보고 적지 않게 놀란 적이 있다. 최근에는 많은 우리나라 기업들이 보안을 이유로 직원들의 출입문시 공항검색대와 같이 전신 스캐닝을 하고 소지품을 X-Ray 투시기로 점검하고 스마트폰 등 휴대 기기에 보안 프로그램을 설치하여 촬영이나 자료 복사를 금지하고 있다. 우리로서는 한편으로는 감시당하는 기분과 뭔가 잠재 범죄자처럼 취급받는 것 같은 기분은 들지만 수용을 하고 있는 것이 대부분이다. 그러나 이 방식은 외국기업 근무자들에게는 매우 불편하고 이의를 제기하는 사항이다. 일단 상호간에 신뢰가 먼저라는 것이다. 만약 이를 어겼을 경우는 본인이 책임을 지고 처벌을 감수하면 되는 것이지 잠재 범죄자로 취급 받는 것을 불쾌해 하는 것이다.

곰곰이 생각해 보니 당연한 것을 우리는 생각도 안 해보고 지내온 것이다. 회사도 직원들 믿으니 직원들 또한 인격체로 대우 받기 때문에 규정을 자발적으로 준수하는 것이다. 우리는 믿기 이전에 감시의 대상으로 먼저 생각을 하기 때문에 상호 간에 보이지 않는 간격이 내재해 있는 것이다.

리더의 업적 달성과 조직의 활기찬 분위기 조성을 위해 상사들은 구성원들과 신뢰를 형성할 수 있는 방법을 항상 고민해야 한다. 승마에서 안전을 확보하려면 말을 신뢰하고 말과 교감을 해야 하듯이, 조직의 성과를 확보하기 위해서는 구성원을 신뢰하고 그들과 교감할 수 있어야 한다.

사장은 말(조직)에 탄 순간 말의 생각을 읽어야 한다

많은 경영자들이 선호하는 운동은 아마도 골프일 것이다. 싫든 좋든 주말이면 새벽같이 일어나서 티오프 시간에 맞춰 필드로 달려간다. 혹자는 이런 이해하기 힘든 현상을 다음과 같이 설명한다. 우리나라 중년의 샐러리맨들의 경우 입사 이래로 일을 하면서 칭찬을 받는 경우가 거의 없다. 잘하면 본전이고 못하면 깨진다. 이런 현상은 집에서도 비슷하다. 이런 남자들이 유일하게 칭찬 받을 수 있는 기회가 골프 칠 때라는 것이다.

항상 공이 잘 맞는 것은 아니지만 어쩌다 잘 맞은 공이 푸른하늘을 가르며 날아간다. 이 모습을 본 동행자와 캐디는 "나이스샷"이나 "굳샷"이라며 박수를 쳐준다. 이 소리를 듣기 위해 남자들은 새벽마다 졸린 눈을 비비며 필드로 나간다는 것이다. 씁쓸하지만 일리 있는 말이다. 그러나 플레이 하는 중간에 벌어지는 현상들을 들여다보자. 조금 전과는 정반대의 모습을 볼 수 있다. 경기 중 샷이 원하는 대로 안 될 경우 장비탓을 한다. 가끔씩 날카로운 성격을 지닌 캐디에게 "장비를 부러뜨리지 말고 당신 손목을 부러뜨리는 것이 낫다"는 독한 말을 듣기라도 하면 최악의 상황이 된다. 장비 탓을 하다가 결국 새로운 것이나 다른 사람이

쓰는 것으로 바꾸려고 한다.

골프는 다른 구기 종목과는 달리 플레이어 혼자서 하는 경기다. 다시 말해 상대와 공을 주고받는 것이 아닌 자신이 혼자 공을 치는 경기다. 그래서 골프를 자신과의 싸움이라고도 말한다. 자신과의 싸움에서 이겨야 골프를 잘 칠 수 있다는 것이다. 이를 기업 경영과 연관시켜 보겠다. 경영자들은 아마 비슷한 말을 한다. 나는 홀로 외로운 황야에 팽개쳐진 외로운 존재다. 그러므로 나는 나 자신과의 싸움을 헤쳐 나가는 사람이다.

과연 사실일까? 아니면 왜 이런 상황에 처하게 되었을까? 그 휘하에는 많은 사원들이 그를 위해 일을 하고 있는데 왜 고독한 전쟁을 치른다고 하는 것인가? 이는 골프 플레이어가 자신의 실력은 생각하지 않고 골프채를 탓하는 것과 비슷하다. 그런데 골프 장비야 생명력이 없는 도구이니까 그렇게 취급해도 될지 모르지만 직원들은 장비가 아닌 사람이다. 상호 교감이 이루어지지 않아 생기는 문제일 경우가 많다.

경영자들은 간혹 직원을 단순히 장비나 도구로만 인식하고 일방적으로 일을 지시한다. 그들에게 직원이 기계처럼 움직이며 항상 정해진 답을 내오는 것으로 착각하고 있는 것은 아닌지 묻고 싶다. 직원과 상호 교감을 할 수 있는 대안으로 경영자들에게 승마를 배울 것을 권하고 싶다. 우리가 하는 운동의 종류가 무척 다양하다. 이 중 승마는 다른 종목들과는 큰 차이점이 있다.

모든 운동경기는 장비나 도구를 사용하여 이것을 얼마 만큼 내 의지대로 자유자재로 구사하면서 상대방 또는 자신과의 게임을 하게 된다. 반면 승마는 장비나 도구가 바로 살아있는 생명체인 말인 것이다. 또한 말 위에 올라타서 함께 움직여야 한다. 일단 말 위에 앉은 다음부터는 소통이 되지 않으면 낙마하거나 다시 내릴 수밖에 없는 것이다. 이 점은 다른 경기들과는 전혀 다른 부분이다.

필자도 승마를 시작한 지는 얼마 되지 않지만 많은 것을 느끼고 있다. 승마를 하면서 말을 자주 바꿔 타게 되는데, 사람들마다 성격이 다른 것처럼 말들의 성격 역시 각각 다르다. 그들의 특성을 인정해야 안전한 승마가 가능하다.

말은 지능이 있는 동물이라 올라탄 사람이 초보인지 아닌지를 확인하고 행동한다. 초보가 올라타면 자신도 피곤하다는 듯 움직이질 않고 가만히 있는다. 만약 갓 초보를 벗어난 사람이 고수용 말을 타게 되면 말들은 달리기를 거부할 수도 있다. 승마자의 몸동작이나 행동이 말 자신과의 리듬이 맞지 않기 때문이다. 이것이 종업원들을 골프 장비처럼 도구나 장비로 생각하고 일방적인 지시를 하는 경영자들에게 승마를 권하는 이유이다.

직원들을 자존감을 가진 사람으로서 대한다면 직원들과의 교감도 개선되고 소통이 원활해질 수 있을 것이다. 그들의 서로 다른 개성을 인정해줄 때 업무 효율이 올라갈 수 있다. 살아있는 생물과의 운동을 체험하면서 직원들과의 소통 방법을 고민한다면 이전보다 훨씬 훌륭한 조직문화를 만들어 갈 수 있으리라 생각한다.

기업 경쟁력 높이는 개념적 언어는, 경영자부터 배워라

조직이 새로운 방법을 도입하는 과정은 인간의 언어학습과정과 유사하다. 조직 구성원들이 새로운 방법을 익히는데 오랜 시간이 필요하고, 방법·기법을 이해할 때 단계적으로 적용된다는 점이 그렇다. 언어를 배우는 과정을 살펴보자.

우리는 사물의 이름을 부여하면서 말을 배우기 시작한다. 말은 '사실적 언어' 명사를 처음 입 밖으로 꺼내놓으며 배우기 시작한다. 이후 성장과 동시에 체계적인 교육을 받게 되며 우리의 언어능력은 정립되기 시작한다. 점차 어휘력이 늘면서 '추상적 언어'를 사용하게 된다. 사랑, 자유, 양심, 인격 등이 대표적이다. 존재보다 의미가 중요한 단어들이다. 이 언어를 활용하기 위해서는 기본적인 지식 습득이 선행돼야 한다.

기업 경영에서도 이와 유사한 모습을 찾을 수 있다. 혁신을 추구하고자 하는 기업들은 개념·기법 등에 대한 이해도가 낮을 수밖에 없다. 이를 선행 경험한 외부에서 해당 문제를 지적해도 곧바로 수용할 수 없는 까닭은 경험해보지 않았기 때문이다. 경영의 '사실적 언어'는 일종의 재무지표들이다. 대차대조표·손익계산서 등 경영활동의 결과로서 나타나는 정보가 이에 해당한다고 할 수 있다. 재무제표 등에 나타난 이 같은 용어들을 바탕으로 해당 기업의 분석이 가능해지기도 한다. 기업이 성장하고 규모가 커지면 조직 관리의 복잡도가 증가하게 된다. 이 경우, 새롭게 관리해야 할 영역이 증가하기 마련이다. 이 같은 과정을 거치며 점차 '복잡도'를 통제할 수 있게 된다.

경영환경은 점차 변하고 있다. 보다 높은 속도를 요구하고 소품종대량생산에서 다품종소량생산으로 변화하고 있으며 유형 자산을 통한 가치 창출보다 소프트웨어·지적재산권 등 무형의 자산을 바탕으로 한 가치 창출이 높아지고 있는 것이다. 이런 상황에서는 결과를 나타내는 용어보다 개념을 나타내는 용어들의 사용이 보다 빈번해지기 마련이다. 개념적 언어를 통해 재고가 증가했다는 점을 간파할 수 있지만 '왜' 증가했는지는 알 수 없다. 하지만 경영자들은 그 이유를 알아내야 한다. 이유를 간과한 채 그저 언젠가 팔리게 될 자산으로 인식해서는 안 된다. 재고는 경영의 순환이 원활치 않아 부서 간 정보공유와 업무처리에 병목이 생기면서 발생하는 '필요악'이란 개념을 이해해야 한다. 시장의 수요는 외면한 채 만들어 놓으면 팔린다는 사고에 젖어있을 경우 재고의 수량을 줄여 회전율을 높여야 현금 흐름을 원활하게 하고 원가를 절감할 수 있다는 개념을 이해할 수 없을 것이다. 눈으로 볼 수 없기 때문이다.

개념적 언어에 약한 경영자들은 혁신의 필요성에 대해 이해하지 못하게 된다. 눈에 보이지 않기 때문에 믿을 수 없다는 것이다. 이는 사실적 언어들만 알고 있는 어린아이들과 같다. 추상적 개념을 인식할 수 있는 다음 단계로 넘어갈 수 없는 것이다.

만약 경영자들이 개념적 언어에 취약하다면 불필요한 보고서와 설명자료가 넘쳐나게 된다. 자신이 이해할 때까지 아니 자신한테 필요한 부분만 이해할 때까지 보고서의 수정, 편집, 재작업이 시도 때도 없이 이루어진다. 실제 업무를 추진하는 담당자들은 미칠 지경이 되는 것이다. 미치다 못해 지치게 되면 드디어 자신의 주장이나 아이디어를 포기하고 주문하는 대로 작성하고 마무리하는 것이다.

정말이지 안 해도 되는 일들 하기에 바쁘고 생산성을 저하시키는 불필요한 행위이다. 조직 구성원들도 이해도가 낮긴 마찬가지이지만 이들은 실제 업무를 진행하고 있기 때문에 몇 번 교육을 시키고 나면 수용하는데 큰 문제가 없다.

조직 구성원들 역시 개념적 언어에 대한 이해도가 높을수록 조직의 혁신 추진이 용이해질 것이다. 경쟁력 또한 보다 높아질 수 있을 것이다. 따라서 혁신을 추진하기 위해 특정 조직을 진단하게 될 경우 '개념적 언어'에 대한 이해도를 먼저 조사해야 한다.

이해도가 낮은 조직의 경우 리드타임, 수요예측 정확도, 신제품 개발기간 단축, 안전재고 등의 용어를 이해 못하는 경우가 많다. 이는 혁신을 추진하는 데 있어 걸림돌로 작용한다. 따라서 개념적 언어에 대한 사전 학습이 선결돼야 한다.

기업의 '업무지도'가 막힘없는 일처리 돕는다

우리는 길을 찾을 때뿐만 아니라 일상생활에서도 '지도'라는 말을 많이 사용한다. 생각보다 자주 쓰고 또 다양한 분야에 사용한다. 만약 전쟁 중 군인들이 새로운 곳을 점령했을 때 해당 주둔지에 대한 주변 지형을 모른다면 적의 공격루트를 예상하지 못해 진지방어에 애를 먹게 될 것이다. 이때 군인들에게 지도는 큰 도움이 될 수 있다.

이처럼 지도는 좌표 설정이 가능하고 내가 어디 있는지 확인하기 쉽게 해준다. 지도를 통해 우리는 주변 환경을 이해하고 방향을 설정할 수 있는 것이다. 또한 지도를 확보하게 되면 나침반을 통해 나의 위치를 정확히 파악할 수 있고 목표 지점으로 이동할 경우 방향 및 소요시간, 거리 등을 사전에 예측해 쉽게 찾아갈 수 있다. 만약 인생에 있어서도 지도가 존재하고 현재 나의 좌표가 어디쯤인지 알 수 있다면 매우 유용할 것이다. 사주·점성술 등을 통해 인생 속 나의 위치를 유추하려는 시도가 있지만 변수가 많아 지도와 같은 완벽한 정확성은 떨어지는 게 사실이다.

기업에 있어서도 다양한 종류의 지도가 존재한다. 로버트 카플란 교수는 기업의 전략을 지도로 표현한 '전략지도'를 통해 기업이 보유하고 있는 전략을 도식화하고 재무·고객·프로세스·학습 및 성장 관점에서 균형 있게 발전시키는 방법을 찾으라고 주문했다.

카플란 교수는 종전의 방법은 전략들 간 인과관계를 보여주기 어려웠고, 비재무적 활동들이 어떻게 재무적인 성과를 가져오는지 보여주지 못한 점을 지적했다. 그 결과 경영진의 전략과 실무진의 프로세스 실행이 일치되지 않는 결과를 초래한다. 다시 말해 지도 없이 기업 경영을 하게 되어 한 방향으로 일사불란하게 가지 못하고 수많은 시행착오를 겪는 것이다.

이를 해결하기 위해 우선 실제로 직원들이 전략을 실행할 프로세스들의 지도를 확보해야 한다. 전략은 일종의 방향을 제시하는 것이므로 실행과는 다르다. 전략에 따라 실행하기 위해서는 '액션'을 취할 비즈니스 프로세스가 필요하다.

프로세스 지도는 전산에서 프로그램을 개발하기 전에 사용하던 일종의 '흐름도(Flow Chart)'와 동일한 개념이다. 작업의 종류별 기호와 작업 간의 흐름을 보여주는 업무 지도다. 프로세스 지도는 내가 하고 있는 업무의 영역을 명확히 하고 다른 업무들과 어떻게 협력해야 하는지를 나타낸 것이다.

제품개발·구매·제조·판매·물류·재무 등 실제 직원들이 매일 수행하는 일들에 대해 어떻게 구성돼 있으며 서로 간에 어떤 정보와 일들이 교환이 되는지를 알고 각자의 역할에 대한 명확한 정의, 절차, 흐름도가 필요한 것이다. 프로세스 지도가 없는 경우를 상상해 보자. 주인 없는 일들이 난무할 것이다. 왜냐하면 내가 무슨 일을 해야 하고 다른 업무에 무엇을 전달해야 하는지 모르면서 예전부터 해왔던 방식으로 업무를 처리하게 되는 것이다.

표준도 없고 단지 사람들의 경험과 직관에 의지해 업무를 진행하는 것은 불필요한 일들의 중복 작업, 오류로 인한 재작업의 홍수 속에서 업무의 효율을 측정할 수조차 없는 혼란 속에서 살아가게 된다.

효율을 측정할 수 없으니 생산성 향상은 요원하게 된다. 이런 와중에 효율을 개선하고 생산성을 혁신하겠다며 타사의 우수사례로 소개되는 정보시스템을 도입하게 된다.

당연히 결과는 보지 않더라도 쉽게 예측할 수 있다. 자신들이 현재하고 있는 일들에 대해 파악도 안 된 상황에서 단지 타사의 우수사례를 놓고 우리의 'To-Be' 모습이라며 시스템을 구축한다. 지도 없이 길을 찾아가는 것과 유사하다. 또한 우리 인체 해부도를 모르고 수술을 하는 것과 같다. 상상만 해도 끔찍한 일이다. 하지만 실제로는 이런 일들이 비일비재하게 발생하고 있다. 내부에 자신들의 비즈니스 프로세스 지도를 보유하거나 그릴 수 있는 사람들이 없기 때문이다.

지도가 없던 시절에는 지형지물을 이용해 방향을 잡고 거리를 측정해 이동했다. 길을 개략적으로 그린 약도가 있었지만 그리는 사람이 알고 있는 수준에 따라 천차만별로 다르게 그려지므로 길을 찾아가는 것이 무척 어려운 과제였다. 실제로 지도를 통해서 어떻게 새로운 길을 뚫고 어느 지점을 거점으로 삼아 사통팔달의 도시를 건설할 것인지를 쉽게 만들 수 있게 됐다.

기업도 비즈니스 프로세스 지도를 확보하게 되면 어느 업무 영역에서 병목현상이 생겨 재고를 유발하는지, 고속도로처럼 시원하고 빠르게 부서 간의 업무 처리를 하기 위해서 서로 무엇을 양보하고 협력을 해야 하는지를 한눈에 볼 수 있게 된다. 소통이 원활해지는 것이다. 막힘없이 처리되는 업무는 모든 혁신을 주장하는 기업들의 꿈인 것이다. 교통체증을 없애기 위해 새로운 길을 뚫고 하이패스와 같은 정보기술을 활용해서 짧은 정체라도 줄이는 노력을 할 수 있다.

한 곳에서 처리한 정보와 업무가 추가 작업 없이 관련된 부서가 공유할 수 있다면 고속도로를 시원하게 달리는 것과 같이 빠르고 편리한 업무 처리가 가능해 지면서 효율과 생산성 향상을 가져오는 것이다. 출발점은 지도를 먼저 작성하는 것이다.

'밀당'을 잘하는 경영에는 '연습과 도전'뿐이다

우주 만물은 대립과 융합의 조화가 기본이다. 음양이 대표적이다. 이 밖에도 밝은 것과 어두운 것, 강한 것과 부드러운 것, 사랑과 증오 등 무수히 많은 대립되는 것들이 나름대로의 조화를 이루는 것을 볼 수 있다. 남녀 역시 마찬가지다. 양과 음으로 구분되는 남녀가 서로 만나고 사귀는 과정 중 미묘한 감정놀음을 일컬어 '밀당'이라 하기도 한다. 밀고Push 당기기Pull의 준말인 셈이다. 어쩌면 이 감정놀음이 연애의 근본이지 않을까 생각한다.

"저녁이 되면 의무감으로 전화를 하고, 관심도 없는 서로의 얘기를 듣곤 하지" 이것은 가수 015B의 대표곡 〈아주 오래된 연인들〉의 첫머리다. 이처럼 아무리 좋은 사이라도 만날 때마다 같은 분위기면 머지않아 싫증나기 마련이다.

이 때문에 밀당은 연애에 있어 반드시 필요하다. 그러나 막상 이런 감정놀음이 시작되면 소통의 오류로 인해 사이가 나빠지거나 예기치 않던 일들이 발생하는 부작용이 발생한다. 하지만 관계에 활력을 주고 또 생동감을 주기 때문에 없는 것보다 낫다는 평이 주를 이룬다. 기업 경영에서도 밀당의 개념은 포괄적으로 사용된다. 기업에서 사용되는 Push와 Pull의 개념을 찾아보자.

제조공정에서는 필요한 만큼이 아니라 생산 가능한 양 만큼을 만들어 낸다. 공급처리 능력과 관계없이 계속 밀어내는 것이다. 검사공정 입장에서는 정해진 시간 내 처리하기 힘든 물량이 쏟아져 들어오면 처리치 못한 만큼 재고로 쌓을 수밖에 없다. 검사가 밀리다 보니 검출력도 떨어진다. 검출력 저하는 반품 증가라는 결과를 만들어 낸다. 검사공정을 배려하지 않은 일방적인 의사 전달Push의 결과물이 결국 반품량 증가로 귀결된 셈이다. 만약 검사 공정이 처리할 수 있는 양 만큼을 보내줬더라면 어땠을까. 'Pull 생산방식'을 택한다면 말이다. 검사공정에서 요청하는 수량만큼 보내주면 검출력이 상승해 반품을 감소시킬 수는 있을 것이다. 하지만 공급처 입장에서는 적은 물품을 자주 보내야하는 불편함이 따를 것이다.

스마트폰이 보편화되면서 기업들은 가급적 많은 마케팅 정보를 소비자들에게 전달하고자 한다. 소비자들의 구매행위를 분석하고 추천하는 상품이나 서비스를 사전 제공한다는 미명하에 일방적으로 정보를 '밀어내고' 있는 셈이다.

기업에서는 이를 위해 다양한 최신 정보 분석 방법 등을 동원하지만 소비자들 입장에서는 밀려드는 방대한 정보에 정신을 차릴 수 없을 지경이다. 자연스럽게 취사선택은 불가능해지기 마련이다.

필요한 정보를 얻기 위해 사내 정보시스템에 접속해 본 경험이 있는 이라면 찾고자 하는 정보와 무관한 정보 때문에 어디서부터 검색해야 하는지 고민하고 시간을 허비한 경험이 있을 것이다.

직원들이 필요로 할 것이라 생각되는 모든 정보들을 제공하기 때문에 빚어진 일이다. 그러나 막상 정보를 수용하는 입장에서 보면 일부를 제외한 대다수는 불필요한 정보일 뿐이다. 오히려 일방적으로 밀려드는 정보로 인해 업무 효율이 낮아지기도 한다.

기업들은 이 같은 문제를 해결하기 위해 개인별 맞춤형 정보서비스를 제공한다. 개인별로 자신들이 주로 다루는 정보들을 모아서 화면을 구성하고 처음 시스템에 접속하면 '나만의 정보'들을 제공하는 것이다. 이 경우 불필요한 화면 개발을 줄일 수 있고 시스템의 복잡도를 줄여 운영의 효율성을 높일 수 있어 검색 시간을 단축할 수 있게 된다.

경제학에서 말하는 '시장의 수요·공급 법칙'도 일종의 Push and Pull 개념이다. 대량생산이 이뤄지던 당시에는 기업들이 제품을 시장으로 밀어내 소비를 촉진시켰다. 당시만 하더라도 수요가 공급을 초과해서 전혀 문제가 없었던 것이다. 하지만 불황이 되면 상황이 달라진다. 경기가 침체되면서 공급이 수요를 웃돌아 소비자들이 원하는 만큼만 팔리게 되는 것이다. 소비자들의 구매 패턴이 자신만을 위해 차별화 되면서 개인화 경향이 심화되어 개인별 맞춤형 소비가 이루어진다. 수요가 있을 때 재빨리 공급을 하는 당김의 상황이다.

밀당은 활용이 중요하다. 남녀 사이 등 인간관계에 있어서는 적절한 긴장감을 줘 생활의 활력소가 되어 관계강화에 도움이 되지만 잘못 사용하면 '이별'과 같은 돌이킬 수 없는 결과를 가져오기도 한다. 기업과 경제에서도 마찬가지다. 공급관리에서는 불필요한 재고가 발생해 금전적 부담을 가중시키지 않기 위해 노력하다보니 생산성 저하를 유발하기도 한다. 수요와 공급 측면에서는 가격의 폭등 혹은 폭락을 가져오기도 한다.

인간관계에서 밀당을 잘하는 이들의 행동은 참으로 쉬워 보인다. 하지만 막상 초보가 따라하면 어렵기 마련이며 자연스레 시행착오를 겪을 수밖에 없다. 그처럼 밀당을 잘하기 위해서는 연습과 도전만이 필요할 뿐이다. 다른 왕도는 없다.

변화와 혁신도 마찬가지다. 남들이 한 것을 쉽게 따라잡을 수 있을 것 같지만 막상 뚜껑을 열어보면 생각만큼 되지 않음을 알아차리게 된다. 결국 양 극단을 오고가더라도 균형을 맞추는 것이 가장 중요하다. 처음부터 균형을 맞출 수는 없다. 변화를 주고 이를 안정화할 수 있는 노력이 필요하다.

부서 이기주의는 전체의 효율성을 떨어뜨린다

『동의보감』에서는 오장육부의 음과 양의 기운이 깨져 악순환이 이어지는 상태를 '음허화동'이라고 설명한다. 몸이 건강하기 위해서는 오장의 대표적 음의 장기인 신장과 양의 장기인 심장이 서로 균형을 잡아 차가운 기운으로 더운 기운을 식혀주어 몸의 균형을 맞춰주어야 하는데, 음허화동은 이 균형이 깨진 상태를 말한다.

한마디로 음허화동은 신장의 기능이 약해져 냉각시스템에 고장이 발생하는 것이다. 신장이 약하여 심장에 물이 제대로 공급되지 않으면 심장의 열이 식지 않고 몸에 떠다니게 되어 얼굴이 뜨거워지는 현상 등이 발생한다. 차가운 기운이 충분히 간과 심장에

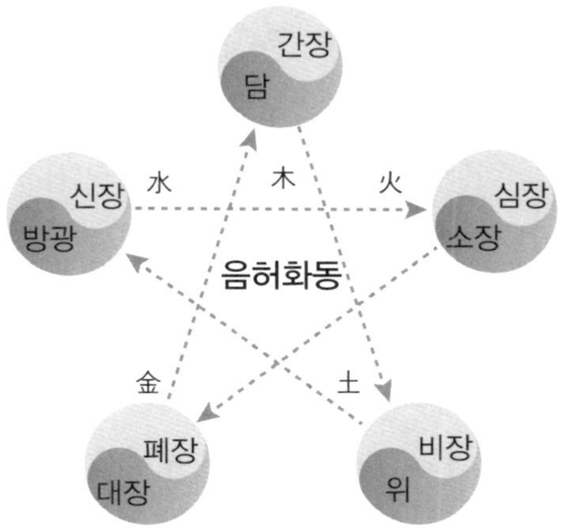

공급이 되지 않으니 열이 식지 않아 간과 심장이 뜨거워지는 것이다. 이어서 뜨거운 열이 허파와 신장을 헤쳐 순환 구조가 깨진다. 상체는 뜨거워지고 하체는 차가워지는 불균형이 발생하는 것을 말한다. 음이 허해지니 화가 떠돌아다니는 것이다.

음허화동에 따른 신체에 나타나는 증상은 다양하다. 대표적인 것이 쉽게 화를 내는 것이다. 신장의 찬 기운이 간을 식혀줘야 하는데 냉각이 안 되니 간이 더워지면서 칠정의 하나인 분노의 조절이 안 되기 때문이다. 심장이 더워지면서 양 빰이 붉은색을 띄우는 홍조 현상이 생긴다. 가슴이 답답하고 잠자리에서 땀을 많이 흘리는 증상 등이 발생한다. 몸의 조절 기능이 균형을 잃게 되면서 나타나는 현상들이다. 음허화동을 음양오행 관점에 응용해보자. 옆의 그림은 상생관계는 없고 상극관계만 있는 것이다. 시계 방향 순으로 돌아가면서 상극관계를 설명한다. 간은 비장을 극한다. 피를 저장하는 간이 너무 많이 저장만 하고 순환이 제대로 이루어지지 않을 경우 피를 만들어내는 비장의 기능이 약화될 수 있다.

심장이 폐를 극한다. 심장은 양의 기운이고 폐장은 음의 기운이다. 양의 기운이 강하여 음의 기운을 해치게 되면 역시 수승화강의 사이클이 무너지게 된다. 수렴의 기운인 폐가 화 기운에 눌려 제 기능을 못하고 이는 신장에 영향을 미쳐 결국 심장의 열을 제대로 식히지 못하는 경우가 발생한다.

비장은 신장을 극한다. 비장은 소화를 담당하고 있는데 비장이 허하게 되면 배가 불러 오르고 오줌이 잘 나가지 않고, 비장이 강하면 몸이 무겁고 배가 쉽게 고프며 발을 잘 쓰지 못하며, 비장의 기운이 지나치면 대소변이 제대로 나오지 않는다.

소변을 관장하는 신장과 방광의 기능이 저하되는 상극 관계이다. 폐는 간을 극한다. 폐는 음으로서 수렴의 기운을 갖고 있다. 음의 기운이 너무 강하면 새롭게 돋아날 양기를 누르게 되어 간이 제 기능을 못하게 된다. 이어서 간의 부족한 기능을 심장에게 전가하여 심장까지 부실하게 만든다.

결국 이러한 음허화동은 칠정(七情)에도 영향을 미치게 되어 감정조절이 잘 안 되어 쉽게 흥분하고 얼굴이 뜨거워졌다 금방 식는 등 정상적인 장기의 운영 및 감정 조절을 파괴하게 되므로 지속되면 병이 발생하고 건강에 악영향을 주게 된다.

기업에 있어서도 화가 떠돌아다니며 균형을 깨뜨리는 유사한 현상이 존재한다. 스트레스나 화병과 같이 실제 체온은 정상이라도 몸에 화기를 느끼는 현상이다. 기업에서의 음허화동은 바로 조직 내 상하간의 소통 Communication이 원활하지 못한 경우일 것이다.

경영진에서의 지시사항이 하부 조직까지 전달이 안 되거나 왜곡되어 전달되는 경우, 전달이 되더라도 시간이 오래 걸리거나 이해하기 힘든 언어로 표현되어 전달되는 경우이다. 상부의 지시사항이 하부로 원활하게 전달이 안 되어 조직 내부에 스트레스가 높아지는 현상, 수평적인 부서들 간의 협력이 이루어 지지 않아 업무에 정체가 생기고 책임 전가가 만연하여 조직 전체의 피로도가 올라가는 것이다. 바로 '부서 이기주의'이다.

'부분 최적화'의 근본 원인은 회사 내에서 무슨 일이 벌어지고 있는지 상하간에 모르는 무지에서부터 시작한다. 전체를 아우르며 챙겨주는 사람이 없는 상황에서 부서 간 협업은 없고 자기 부서만의 목표 달성을 위

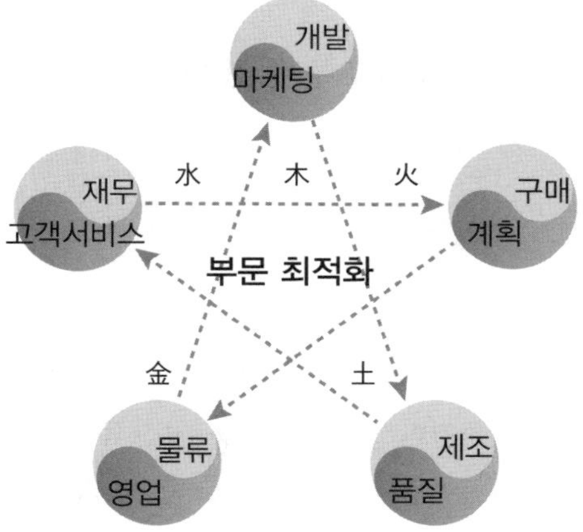

하여 활동한다. 이처럼 냉각 시스템이 고장난 경우를 살펴보자.

개발이 단순히 자신들의 신제품 개발건수 만을 목표로 할 경우 제조에서의 정상적인 생산을 위해 필요한 사항들을 챙기기보다는 일단 신제품 테스트만 완성하면 양산단계에서의 일들은 제조 부서의 일로서 관여할 사항이 아니라고 손을 놓게 되는 경우가 발생한다. 당연히 양산까지 도달하는 시간을 단축시키기 위하여 제조와 협업하여 설계상의 문제점들을 신속히 찾아내고 수율收率* 을 높이는 활동을 해야 함에도 불구하고 협조가 이루어지지 않는 경우가 발생한다.

구매의 경우도 정확한 자재의 입고가 이루어지지 않을 경우 일반적으로 사내 물류를 담당하는 물류 부서의 재고관리에 애를 먹게 된다. 계획이 정확하지 않거나 제대로 준수되지 않으면 물류 관리는 더욱 어려움을 겪게 된다.

제조의 경우도 자신들의 생산성만을 목표로 삼을 경우 수율 높은 기종을 선호하고 채산성이 낮은 제품들은 기피하는 현상이 발생한다. 고객이 원하는 제품보다는 내가 만들기 쉬운 제품을 만들려고 하는 것이

---

* 수율(收率): 화학적인 방법으로 원료물질에서 목적 물질을 얻을 때, 이론적으로 빼낼 수 있는 예상량과 실제 빼낸 양과의 비율.

다. 이는 원가 부담으로 작용하여 재무에 압박을 가하게 된다.

영업에서의 부정확한 수주 정보를 보내면 개발계획, 생산계획 등 각종 계획에 혼란을 초래하게 된다. 이는 채찍효과를 유발하게 한다. 채찍효과란 개발이나 구매 등 앞 단계에서의 작은 변동을 커버하기 위해 제조, 물류 등 후 공정에서의 변동은 배 이상 증가해 전체 공급망에 과잉 재고를 만드는 것이다. 불필요한 신제품의 개발, 원부자재의 구매 등 악영향을 초래한다.

재무의 경우는 확보된 자금을 신제품 개발에 재투자하여 새로운 제품이 지속 발굴될 수 있도록 해야 한다. 만약 투자 및 비용 통제가 지나친 자금 경색을 유발할 정도로 심해지면 신제품 출시 타이밍을 놓치거나 과도한 단가 인하로 인한 결격 자재의 구입 등으로 이어져 사후 큰 손실을 만들 수 있다.

상식적으로 보면 기업 내 음허화동 현상은 누구나 해결하기 쉬울 것처럼 보인다. 하지만 지금 이 시간에도 많은 기업들이 상식으로 해결하지 못하고 고통받고 있는 현실이다. 다름 아니라 나의 잘못이 누구에게도 어떤 해가 되는지를 모르면서 범하는 잘못이다. 한눈에 볼 수 있는 방법이 없었던 것이다.

부서 간 협업 증진을 위해 가장 쉽게 하는 방법이 유관부서 간 회식이 있다. 그러나 이는 일시적인 효과가 있을뿐 오래 지속되지 못한다. 당연하다. 이해를 못하고 있는데 어떻게 행동이 변할 수 있는 것인가.

음허화동과 음양오행을 통해서 부서 간 협업이 깨지는 경우와 균형이 무너질 경우 발생하는 불합리한 내용들을 한눈에 그림으로 쉽게 파악할 수 있다. 경영학의 오래된 이론인 채찍효과도 단순히 채찍의 파동의 증가에 따라 단계별 재고의 증가로 설명하는 것보다 상극의 원리를 통하여 훨씬 더 시각적으로 이해하고 직관적으로 이해하기 쉬운 부분 최적화 모델로 설명이 가능하다.

부분 최적화와 음허화동의 본질을 이해하자. 기업마다 부분 최적화를 없애려고 노력하기보다는 상극현상에 의한 일종의 자연 현상이므로 부분 최적화 존재 자체를 일단 인정해야 하는 것이다.

마치 조직 행동이론에서 얘기하는 어떤 조직의 인적 구성은 변화를 선도하는 10퍼센트, 중도를 유지하는 80퍼센트, 그리고 변화를 거부하는 10퍼센트로 구성되고 문제가 되는 변화를 거부하는 10퍼센트를 없애면 다시금 남아 있는 인력들이 같은 비율로 존재하게 된다는 것을 참조해야 한다.

어쩔 수 없이 존재하는 부분 최적화를 인정해야한다면 필자는 정확히 현상이나 문제를 파악해 악영향을 최소화시켜 큰 병을 사전에 예방해야 한다는 점을 강조하고 싶다.

IV. 혁신

사람 중심의 지속성장을 위해
인재를 양성하고
내부 소통을 활성화 하여
변화를 통한 혁신을 이루어 내고
성과를 유지하면서 리스크를 최소화 한다

기업에서 혁신을 얘기하면 변화보다는 무엇인가 더 많이 만들어 내자, 경쟁력을 높이자 등 아웃풋의 증가를 생각하게 된다. 진정한 내부 변화를 통하여 종전과 다른 방법으로 환경에 적응해 나가는 것이 혁신의 본질이다. 주객이 전도된 것이다.

생산성을 높이는 경우 가장 확실한 것은 인풋(분모)을 줄이는 것이다. 아웃풋(분자)이 그대로여도 효율이 더 높이 향상된다. 우리가 하는 다이어트도 마찬가지이다. 인풋(먹는 것)을 줄이는 것이 가장 효율적이다. 아웃풋(체중)을 줄이겠다는 과도한 운동은 체력소모, 피로, 시간 부족 등으로 오래가지 못한다. 혁신의 핵심은 인풋을 줄이는 것이 가장 효과적이다.

창조 또한 마찬가지이다. 우리의 머리는 너무 많은 것이 들어 있으면 새로운 것을 받아들이기가 힘들다. 마음을 비우 듯 낡은 지식이나 생각들을 버려야 새로운 지식, 생각이 들어 올 수 있다. 바로 온고지신이 가능해지며 창조적인 아이디어가 나올 수 있는 환경이 조성되는 것이다.

창조, 혁신의 본질은 덜어내는 것, 비우는 것이다.

새로운 도약을 꿈꾸는 기업이라면 익숙한 것과 결별하라

안장과 연결된 고리 모양의 발걸이인 '등자鐙子'는 말을 탈 때 발을 올려놓고 의지할 수 있도록 해준다. 등자의 핵심 용도는 중심을 잡게 해주는 것이다.

인류는 4500년 전 말을 가축화시켰고, 이미 3000년 전 말을 타기 시작했다. 그러나 인류가 간단한 도구인 등자를 사용하기 시작한 것은 승마에 역사에 비하면 늦게 시작됐다. 북방 유목민들은 기원전 4~5세기부터, 중국인들은 기원전 2~3세기부터 사용했고, 유럽은 8세기가 돼서야 비로소 사용하기 시작했다고 알려져 있다. 등자가 없던 시절 말을 타고 전투를 하려면 중심을 잡기가 힘들어 훈련된 병사들도 말에서 떨어지곤 했다. 등자가 생긴 후에는 비교적 수월하게 두 다리를 사용해 중심을 잡을 수 있게 됐다. 덕분에 말 위에서 활도 쏠 수 있게 되었고 다양한 무기를 사용할 수 있었다. 때문에 등자가 없던 군대는 등자가 있는 군대에게 무참히 패배했다는 것이다. 하찮아 보이는 단순한 도구가 인류의 역사를 바꾸었다고 하니 이 또한 흥미롭다.

처음 승마를 배울 때는 중심 잡기가 수월하지 않다 보니 등자에 체중을 실으면서 일어섰다 앉았다 하게 된다. 그러나 이런 움직임은 말에게는 스트레스를 주는 행동이다. 등에 가해지는 힘이 커지면 말은 압박을 받게 된다. 또한 등자에 의존을 많이 하면 기승자의 발이 옆구리에 부딪쳐 말을 놀라게 하거나, 경우에 따라서는 간지럼을 유발시킬 수도 있다. 말은 짜증이 나기 시작하면서 기승자의 의도대로 움직이지 않고 멈추거나 갑자기 달리기도 하고 몸을 일으키는 등 돌발 행동을 하게 된다. 실로 기승자 입장에서는 일촉즉발의 위기상황이 발생하고 통제 불능의 상황이 된다.

기승자의 승마 수준이 올라갈수록 등자의 의존도는 줄어든다. 발을 살짝 대는 정도의 힘만 주고도 중심을 잡고, 말에게 스트레스를 주는 발의 흔들림도 현저히 줄어든다. 승마에서는 말의 움직임에 따라 리듬을 타면서 말과 일체화되는 것이 중요하다. 그러나 등자에 의지해 중심을 잡다보면 리듬을 타면서 균형을 잡으려는 노력이 약해지게 된다. 무리한 등자의 사용은 말과의 일체화 과정에서 장애요소가 된다. 등자를 활용하면 쉽게 균형을 잡을 수 있다. 균형을 잡아야 심리적으로 안정을 취할 수 있다. 그러나 다음 단계로 올라가기 위해서는 등자 사용을 지양하고 리듬 타는 방법을 배워야 한다. 이 과정을 자꾸 미루고 기존의 편하고 익숙한 방법을 계속 고수하면 다음 단계를 밟을 수 없다. 실제 필자도 이 과정에서 많은 어려움을 겪었다.

다시 말하면 우리가 만약 좋은 방법과 기법을 보유하고 있다면 그 기능에 심취하거나 익숙해져서 좀 더 근본적인 개선점을 찾는 것을 방해하는 경우가 발생할 수 있다. '지금도 잘되고 있는데 무엇을 개선하라는 것인가'와 같은 저항이 발생하면서 근본적인 개선점을 찾는 것을 방해한다.

처음에는 적응하기가 힘들겠지만 등자에 의지하지 않고 말을 탄 사람은 차츰 허벅지 안쪽 및 종아리 안쪽 근육만을 사용해 중심을 잡는 방법을 익히게 될 것이다. 한 단계 높은 수준의 실력을 확보해서 상급 과정으로 올라갈 수 있게 된다. 반면 무리한 등자 사용을 계속 고집하는 사람은 수준 향상의 기회를 놓치게 된다. 구본형 씨의 베스트셀러 『익숙한 것과의 결별』에서는 우리가 당연하게 느끼거나 편안하다고 느끼는 것들과 이별을 해야 새로운 방법을 찾을 수 있다는 내용이 담겨 있다.

기업의 사례를 보자. 특히 현재 너무 좋은 사업영역이 있어 높은 수익을 내고 있는 경우가 매우 위험하다. 이런 경우 신규 사업을 발굴하여 미래를 대비하겠다는 말은 때로는 우리도 한번 신규 사업을 준비한다는 것을 단순히 보여주기 위한 과정으로 전락하는 경우가 종종 발생한다.

제조업이면서 단일 품목으로 세전이익률이 10퍼센트 대에 달하며 수천 억 원의 이익을 창출하던 기업이 있다. 사업이 성숙기에 접어들 수 있으니 신사업 아이템을 발굴한다고 검토하면서 기준을 현재의 우수한 실적 수준과 자꾸 비교하는 것이다. 당연히 발굴되는 아이템마다 눈에 들어오지 않게 된다. 처음부터 수익성 높고 성장성이 좋은 사업은 있을 리 만무하지만 눈높이를 바꾸지 못한다. 결국에는 마땅한 사업거리가 없다는 결론에 도달하고 흐지부지 되는 것이다. 씨앗을 뿌리고 힘들게 가꾸어 수확하겠다는 의지가 박약하게 된다. 현재의 이익이 축복이 아니라 미래의 재앙의 씨앗이 되고 만다.

'보이는 것 만큼 알 수 있다' 또는 망치를 가진 사람은 모든 것이 못으로만 보인다는 말이 있다. 자신의 능력만큼 세상을 볼 수 있고 문제를 해결하려고 하는 것이다. 현재의 나로부터 이별여행을 떠나볼 만하다. 이별의 아픔을 극복하고 나면 한 단계 성숙하는 것이다.

완전히 새로운 것을 만들어 내는 것만이 혁신은 아니다. 이미 사용하고 있는 방식 중에서도 근본적으로 개선해야 할 것을 찾아내고 개선하는 것이 혁신이다. 이는 새로운 도약을 하기 위한 기업이 갖춰야 할 기본자세다.

기업은 '인체'와 같아서 혁신은 낭비를 없애는 일부터다

인류는 농경생활이 정착되기 전 수렵과 채집으로 삶을 영위했다. 당연히 넉넉히 음식을 먹을 수 없는 형편이었다. 항상 먹을 것을 찾아 떠돌이 생활을 했기 때문에 음식을 저장할 수 있는 상황도 아니었다. 때문에 인간은 배고픔을 대비해 몸에 지방을 축적했다가 유사시 사용할 수 있게 진화했다.

인류가 풍부한 먹거리를 갖게 된 시기는 20세기 이후다. 하지만 문명의 발달로 움직임은 수렵·채집 및 농경사회에 비해 현저히 줄어들게 됐다. 유사시를 대비해 축적했던 지방은 과잉 섭취로 과체중과 각종 질병의 원인이 됐다. 체중을 줄이는 활동을 일컬어 '다이어트'라 한다. 운동·식이요법·식사량 조절 등을 통해 과잉 축적된 지방을 없애는 것이다.

기업들도 산업화 시대를 거치면서 규모가 커지게 됐다. 조직이 비대해지자 의사결정이 늦어졌고 관료주의로 인해 소통에 장애가 생겼다. 기업의 다이어트는 일종의 혁신활동이라 볼 수 있다. 기업은 거대해진 조직을 슬림화하고 의사결정을 신속하게 하려 한다. 필요한 프로세스 등을 재설계 해서 부서 간 협업이 원활히 이뤄지게 하는 것도 일종의 기업 다이어트다. 그러나 일부 기업에서는 다이어트 과정에서 실수를 범하기도 한다.

시스템은 인풋, 프로세스, 아웃풋 등으로 나눌 수 있다. 무엇인가를 가지고 가공 혹은 처리를 하면 결과물이 산출되는 것이다. 투입된 인풋 대비 산출된 아웃풋을 '효율(효율=아웃풋/인풋)'이라 지칭하고 계산한다. 효율을 개선시키는 방법으로는 다음 표와 같은 세 유형이 있다.

유형	다이어트	혁신
A	프로그램 실천, 식습관 불편	아웃풋 향상, 인풋 고정
B	프로그램 無, 식습관 개선	아웃풋 고정, 인풋 절감
C	프로그램 실천, 식습관 개선	아웃풋 향상, 인풋 절감

A 유형은 돈이 들거나 요란하게 시작한다고 볼 수 있다. 아웃풋을 늘리려 하지만 이를 위해서 숨은 인풋이 같이 증가돼 초기 목표보다 적은 효율향상을 가져오게 되는 것이다. 요란한 혁신프로젝트를 수행했지만 효과가 생각보다 저조한 기업의 모습은 마치 헬스클럽이나 다이어트 프로그램 가입을 한 후 제대로 실행하지 않아 돈만 탕진하는 경우와 비슷하다고 볼 수 있다.

B 유형은 근면 검소한 스타일이다. 다이어트 프로그램에 새로운 투자를 하지 않고 먼저 식습관을 개선해 인풋을 줄여가는 것이다. 기업의 경우에 비춰보자면 내부 낭비를 개선해가는 단계와 유사하다고 볼 수 있다. 당연히 작은 효과라 할지라도 효율이 개선될 수밖에 없다.

C 유형은 가장 빨리 효과를 볼 수 있는 방법이다. 새로운 투자나 다이어트 활동을 통해 아웃풋을 향상시키면서 동시에 인풋도 절감한다면 일

석이조라 할 수 있다. 두 배 이상의 효율 향상을 가져올 수 있는 효과적인 방법이다.

안타까운 것은 우리가 체중을 빨리 줄이기 위해 서두르면 서두를수록 A 유형의 실수를 범할 수 있다는 점이다. 기업도 혁신의 효과를 빨리 보려고 할수록 같은 실수를 저지르게 된다.

『다윈과의 거래Dealing with Darwin』의 저자 제프리 무어는 혁신의 효과에 대해 경쟁자 대비 우위를 점하는 차별화(C 유형), 경쟁자의 차별화를 따라잡아 무력화 시키는 것(A 유형), 생산성을 향상시키는 것(A 유형)과 낭비를 제거(B 유형)로 분류했다. 그는 이 중 가장 큰 효과를 볼 수 있는 방법으로 '낭비 제거'를 꼽았다.

많은 기업들이 혁신을 한다면서 차별화 또는 생산성 향상을 꾀했지만 기대했던 성과가 나오지 않는다며 불평을 하기도 한다. 마치 돈을 들여 다이어트를 하면 살이 빠질 것으로 생각하고 미리 예상하면서 인풋에 해당하는 식습관 개선은 하지 않은 모습과 유사하다.

다이어트의 가장 기본은 인풋을 줄이는 것이다. 현대인들이 아웃풋인 운동량을 늘리는 것이 쉽지 않을 때 B와 같이 해야 효율을 높일 수 있다는 것이다. 기업들도 마찬가지다. 내부의 낭비를 먼저 개선할 생각은 않고 많은 투자를 하면서 새로운 기법을 도입하고 혁신 활동을 하면 큰 효과를 볼 수 있다고 착각해서는 안 된다.

다이어트는 과체중을 줄이기 위한 행동이다. 핵심은 지방을 제거한다는 것이다. 지방은 단순히 기름진 음식만을 피해서 해결되는 것이 아니다. 이를 제대로 알기 위해 우리 몸의 대사과정을 한번 살펴볼 필요가 있다. 탄수화물이 많이 흡수되면 남은 양은 지방으로 전환돼 우리 몸에 저장된다. 탄수화물이 흡수되는 경로가 다양하기 때문에 의사나 영양학자들은 백미 대신 보리나 현미 등을 섞어 식사할 것을 권하고 있다.

보리나 현미에는 섬유질이 포함 돼 있어 같은 양을 섭취했을 때 탄수화물의 양이 줄어들기 때문이다. 이런 기본적인 대사원리를 이해하고 다이어트를 한다면 아마도 보다 적극적인 자세로 식습관 개선을 위해 애쓰게 될 것이다.

기업도 이와 크게 다르지 않다. 혁신을 하면서 낭비를 먼저 없애야 하는데 아웃풋을 늘리겠다며 오히려 인풋을 추가로 투입한다면 성공적인 다이어트와 거리가 먼 것이다. 기업은 직원들이 자신의 일만 이해하는 것이 아니라 전반적인 운영 프로세스를 이해할 수 있게 해야 한다. 그렇게 되면 직원들은 자신이 한 일의 내부 고객이 누구이며 누구로부터 도움을 받아야 하는지 깨달아 스스로 협업을 하게 되고 불필요한 일들을 제거할 수 있게 될 것이다. 타의적인 혁신이 아닌 자발적 혁신이 가능해지는 것이다.

기업은 기업운영과 인체 사이의 이런 유사점을 벤치마킹 대상으로 삼아야 한다.

지금은 지식 대신 지혜가 필요한 시대, 창조와 혁신을 추구하라

"산은 산이요, 물은 물이로다"

불교계의 거성 성철(1912~1993) 스님이 남긴 말이다. 사실 이는 너무도 당연한 말이다. 필자 역시 그렇게 생각한 적이 있었다. 우연한 기회에 불교 관련 서적을 읽게 되면서 이 말에 담긴 뜻을 조금이나마 알 수 있게 됐다. 비록 아직 완전히 그 온전한 뜻을 깨우치지 못했지만 이를 기업에 적용해보고자 한다.

사물을 있는 그대로 보는 것은 매우 어려운 일이다. 각자가 갖고 있는 경험과 이를 바탕으로 형성된 주관이 담긴 시각으로 사물을 바라보기 때문이다. 일종의 왜곡된 시각인 셈이다. 고정관념 역시 이와 유사한 개념이다. 누군가에겐 높고 험준한 산일지라도 히말라야 산맥에서 사는 사람들 눈에는 구릉으로 보일 수 있다는 것이다. 문제는 이 같은 주관적 관점이 인식의 차이를 유발하며 논란의 여지를 남기게 된다는 점이다. 성철 스님이 남긴 말 역시 마찬가지다. 단순한 물을 두고 샛강이니 큰 강이니 다툴 것이 아니라 물 그 자체로 봐야한다는 것이다. 본질 그대로의 모습을 바라볼 수 있게 된다면 숱한 갈등과 혼란이 해결될 수 있을 것이다.

이건희 삼성그룹 회장이 '신新 경영'을 강조하던 시절이 있었다. 당시 이 회장은 기업들이 자신들이 하고 있는 일의 본질인 업業의 개념을 제대로 이해해야 한다고 강조했다. 당시 필자는 삼성 계열사에 몸을 담고 있었다. 이 회장의 강조에 굉장히 혼란스러워 했다. 기업이 이익을 창출하는 것이 본질이지 그 외에 무슨 본질이 있겠느냐는 생각을 내재했기 때문이었다. 원가절감과 생산성 향상을 위해 끊임없이 노력하는 것 역시 이윤창출을 위한 일이라고 생각했기 때문에 이 회장이 언급한 본질에 대해 쉽게 이해할 수 없었던 것이다. 당시 이 회장은 업의 개념을 소개하면서 백화점과 맥도널드가 부동산업체라는 이야기로 필자를 포함한 많은 이들을 놀라게 했다. 하지만 이내 "새로운 외곽 지역에 건물을 짓게 되면 주변 지역 일대가 발전을 거듭하게 된다. 이 과정에서 자연스럽게 부동산 가격이 올라가며 신상권이 형성하게 된다"고 설명하며 이해를 도왔다.

문제는 많은 경영자는 회사의 본질에 대해 고민하고 있지 않다는 점이다. 오로지 주주의 이익과 매출신장·이익증대 등에 매달린 이들이 종종 이 같은 우를 범하게 된다. 이 경우 본질을 꿰뚫고 회사 발전을 위해 소모해야 할 에너지가 이익을 위해서만 소진될 우려가 있다

일반적으로 기업을 새로 만드는 창업보다는 이를 지키는 수성이 더 힘들다고 얘기한다. 업의 본질(개념)을 잊기 때문이다. 사업 초기에는 규모를 키우고 성장을 하기 위해 왜 사업을 시작했는지 무엇을 해야 하는지에 초점을 맞춘다. 하지만 규모가 커지고 성숙해지면 내부 복잡도 증

가로 인해 전반적인 기업운영 파악도 어려워지고 어떻게 하면 더 매출을 늘리고 수익을 창출할 수 있는지에 매달리게 된다. 업의 본질보다는 효율을 더 중시하게 된다. 연구개발, 인재양성, 직원 교육 등 기본적으로 해야 할 일들도 비용절감이라는 미명하에 뒷전으로 밀리다 보면 미래가 불투명해지기 때문이다.

우리가 살고 있는 지식사회는 학문·산업 등의 경계를 뛰어넘는 새로운 창조와 혁신이 필요한 시대다. 사람·지식·경험에 개의치 않고 본질을 이해하면 진리라는 공통된 분모를 찾아낼 수 있다. 그 과정에서 기존에 생각지 못했던 아이디어나 사상이 발견돼 창조와 혁신 등이 가능해 질 것이다.

창조란 학식이 높거나 특정 분야의 전문가들의 전유물이 아니다. 누구나 창조할 수 있는 능력을 보유했고 가능성을 안고 있다. 지식 대신 지혜가 필요하다. 지혜는 본질을 파악하고 협력과 상호 이해를 바탕으로 얻게 될 수 있다.

손엣가시를 없애야 손끝의 '창조경영'이 가능하다

문훈숙 유니버설 발레단 단장은 국내 최초로 '설명이 있는 발레'를 도입했다. 공연 시작에 앞서 발레의 기본 동작 및 공연 내용을 소개시킨 것이다. 발레를 처음 접한 이들의 이해도를 높이기 위한 시도였다. 발레에 문외한이던 필자 역시 이 설명을 통해 발레에 대한 이해도를 높이게 됐고 점차 관람 횟수가 늘게 됐다.

얼마 전, '멀티플리시티' 공연을 보러 갔을 때 고전발레로부터 현대발레에 이어지는 특성과 기본 사상 등을 소개받은 적이 있다. 고전 발레에서는 타이트한 코르셋을 입고 춤을 춰야 했다. 자연히 무용수들의 몸동작은 제한적이었다. 그러다 보니 고전발레에서는 몸을 고정시키고 팔과 손의 동작을 통해 표현을 해야만 했다.

신고전발레로 오면서 발레리나들의 복장이 바뀌게 된다. 현재처럼 짧은 치마로 바뀌었으며 무용수들을 조였던 코르셋도 사라졌다. 자연히 팔과 다리의 동작이 강조됐다. 무용수들의 표현 방법이 다양해진 것이다. 현대발레에서는 보다 복장이 자유로워지고 몸의 움직임이 용이해지면서 춤의 중심이 우리 몸의 중심으로 이동됐다고 한다. 손과 발의 동작도 끝에서 이뤄지는 것이 아니라 몸의 중심에서 시작해 바깥으로 뻗어 나가는 동작을 사용하기 시작한 것이다. 제한된 여건을 벗어나 자유로워지니 내면으로부터 표현하는 새로운 세계가 열린 것이다. 최근 경영환경에서 강조되는 '창조경영'에 대한 힌트를 여기서 얻을 수 있다.

산업사회에서는 경직된 피라미드 구조 아래에서 효율을 높이기 위해 주어진 매뉴얼대로 신속하게 일을 처리하는 것이 덕목이었다. 마치 발레리나들이 꽉 조이는 코르셋을 입고 손동작 중심의 춤을 춰야 했던 것과 유사하다. 하지만 정보화 사회로 진입한 오늘날 기업들은 단순 제품판매를 위해 생산하는 것이 아니라 소비자들을 어떻게 만족시킬 수 있느냐를 고민하고 있다. 이를 위해 새로운 발상과 방법을 찾으려 노력 중인 것이다.

기업들은 이 과정을 통해 손만 이용하는 것이 아니라 팔과 다리도 이용해 표현의 영역을 넓힌 발레처럼 제품에 감성이 포함돼야 한다는 사실을 깨닫게 됐다.

스크린 골프도 이를 설명하는 좋은 예가 될 수 있을 것이다. 당초 이 프로그램은 조소의 대상이었다. 대기업 근무 경험이 있던 사업가가 해당 제품의 가능성을 보았지만 어린아이들이나 하는 게임기로 사업이 되겠느냐는 반응을 마주해 사장된 전례가 있는 것이다. 하지만 이 골프 프로그램과 정보화 기술을 활용하면 승산이 있을 것이라 판단한 사업가는 벤처로 출발해 제품을 알려갔다. 그는 초창기 제품을 소개하기 위해 골프 연습장을 찾아다니며 실제 친 공의 궤적을 확인할 수 있다는 소개로 많은 이들의 관심을 끌었다. 또한 가상의 골프장에서 매 홀 경기를 치르며 점수 관리가 가능하다는 점을 강조해 성공시킨 것이다.

제품 소개를 위해 남극 기지를 찾아갔다는 일화도 있다. 세계 각국에서 모인 과학자들이 이렇다 할 운동도 할 수 없는 외부 환경에서 실내에서 골프를 할 수 있다는 사실에 흥분하면서 인터넷을 통해 전 세계에 중계되어 선전 효과를 톡톡히 보기도 했다는 후문이 있다. 출시 초기 적외선 감지 센서의 정교함이 떨어진다는 문제를 초고속 카메라로 스윙을 분석하여 시뮬레이션의 정확도를 향상시켰고 컴퓨터, 데이터베이스 등의 정보기술을 활용했다. 고객별 점수 이력관리 및 각종 이벤트들을 제공해 고객의 만족도도 향상시키며 고객 충성도까지 확보할 수 있게 됐다. 이 같은 노력과 개선 그리고 고객 충성도를 바탕으로 스크린 골프는 여가문화로 자리매김 할 수 있었다. 무더운 여름과 매서운 추위의 겨울 필드를 꺼리는 이들은 냉·난방 시설이 완비된 실내의 스크린 골프장으로 모이게 됐으며 스크린 골프장은 점차 인기를 끌게 됐다. 심지어 최근에는 노래방·당구장 등 대신 새로운 2차 문화공간으로 자리 잡은 상태다.

창조는 경직된 환경보다 자유로운 공간에서, 또 실패를 두려워하지 않는 환경에서 발휘되며 성장할 수 있다. 단순한 답 속에 경영의 길이 있다. 많은 이들이 고민하는 경영의 해답은 상식 수준인 경우가 많으며 일반적인 가르침을 실천하는 것만으로도 해결되는 일이 많다. 인재 육성, 자유로운 업무, 반복된 실패, 솔선수범하는 리더 등 지극히 상식적인 이야기들을 실천하는 기업이 결국 성공하게 되는 것이다.

혁신을 위해 비전문가, 외부의 수혈은 필요하다

우리 속담에 '중이 제 머리 못 깎는다'는 말이 있다. 꼭 중만 제 머리를 못 깎는 것은 아니다. 사람은 손이 닿지 않기 때문에 스스로 자신의 머리카락을 온전히 자를 수 없다. 이 속담이 비단 머리카락을 자르는 것만을 비유하는 것은 아니다. 본래 사람은 자신에 대해 잘 모르고 살아간다. 다른 이들이 자신에 대해 조언하거나 충고할 경우에도 귀에 거슬리거나 마음에 들지 않아 무시하면서 단순히 자신의 일부 사례를 가지고 평가한다며 외면하게 된다.

결국 우리가 스스로 머리를 못 깎는 것은 우리 자신의 고질적인 문제를 스스로 해결하기에 한계가 있기 때문일 것이다. 기업 경영진도 이와 비슷한 모습을 보이곤 한다. 이들에게 가장 성공적인 방식이란 그들이 행했던 방식이다. 이런 모습을 보이는 이들은 컨설턴트는 비용이 많이 들고 오히려 노하우를 뺏길 수 있어 '우리식'으로 해야 한다는 자가당착에 빠지곤 한다. 물론 컨설팅 특성상 개별 기업에 맞는 족집게 진단과 해결방안 제시는 불가능하다. 하지만 내부에서 내부인들 위주로 문제를 진단하기에는 다양한 제약조건이 따르기 마련이다. 조직 내 서열문제로 진정한 문제제기를 위한 발언권을 갖지 못할 수도 있으며 고정관념에 빠져 새로운 시각을 못 보는 경우도 나타날 수 있다.

내부의 시각으로 문제를 찾으려 하면 이미 알고 있는 답에 맞춰 문제를 매치시키고 결국 기득권이 원하는 시각으로 진단을 마무리해 근본적인 변화를 이끌 수 없을 것이다. 보통 그리고 난 후 결과에 대해서는 애꿎은 컨설팅 탓을 하는 경우가 다반사다. 이 같은 제약조건을 타개하기 위해서 외부인의 시각으로 진단하려는 자세가 필요하다. 이를 가능하게 하는 것이 컨설팅이다. 물론, 이때 내부자들이 내부의 문제를 정확히 파악할수록 원하는 개선책 마련이 가능할 것이다. 자신만의 왜곡된 시각으로 경영환경을 바라봐선 안 된다. 정확한 문제 점검을 위해서는 외부자원이 필수적이다.

한때 IT업계는 제품의 성능 및 기능 향상에 치중하면서 속도 경쟁을 하며 신제품 개발에 서두르곤 했다. 이 같은 경쟁은 무엇을 만들 것인가, 어떻게 만들 것인가에 초점을 맞추게 된다. 효율을 높이는 데만 치중하는 것이다.

마치 망치를 갖고 있는 사람은 모든 것이 못으로만 보인다는 우화 속 모습과 같다. 새로운 시작으로 근본적인 문제를 바라보고자 하더라도 이미 내부인들은 고정관념에 사로잡힌 상태가 돼 해법을 찾기 쉽지 않은 상황이 된다. 이를 해소하기 위해 제품에 기능보다 감성을 더하고 자신들의 핵심 전문분야가 아닌 비전문 분야의 사람들을 찾기 시작했다.

칼리 피오리나 전 HP CEO는 역사학을 전공한 여성 경영자였지만 IT업계를 리딩하고 평정하는 모습을 보여줬다. 비IT 전공자였던 스티브 잡스는 성능 · 기능보다 사용자의 경험에 초점을 맞춰 제품의 필요성에 대해 고민하고 이를 해결하기 위한 개발을 행해왔다. 문외한들의 공통적 특징은 전문가들이 빠져있는 함정에서 벗어나 본질을 묻고 해결책을 찾는 것을 수월하게 진행한다는 점이다. 기술이 아닌 사람의 관점에서 바라보게 되면 이전에 생각할 수 없었던 아이디어가 가능해진다. 과거 제품의 혁신을 기능과 성능 측면에서 접근하게 됐음으로 기술자를 위한 기술혁신, 생산자를 위한 제품혁신으로 전개돼 소비자들의 요구와 멀어져 가게 되므로 한계에 부딪혔던 것이다. 인문학 전공자들은 기술에서는 문외한이지만 한계를 극복하는데 강점을 보이기도 했다. 왜 이 제품이 필요한가라는 근본적인 물음에 대한 답을 찾다보면 길이 보이기 시작하는 것이다.

소비자들이 왜 이 제품이어야 하는지 스티브 잡스의 생각에 공감하게 되다보니 마니아들이 형성됐고 이들의 충성도는 높아져갔다. 시장에서의 반응은 며칠씩 밤을 새워가며 줄을 서서 기다려 남들보다 조금이라도 빨리 제품을 구매하려는 수고스러움을 감내하는 진풍경을 보여주기도 했다.

오늘날 많은 업체들이 앞 다퉈 인문학 전공자를 채용하려는 움직임을 보이고 있다. 융합형 인재가 필요하다고 야단법석을 떠는 분위기다. 인문학이 필요하다고 강조하는 것도 IT기술자, 전문가들의 기술 중심의 함정에서 벗어나 사람 중심의 경영과 혁신제품 창출을 위해 필요한 것이다. 결국 해당분야의 전문가들만으로 해결하기 힘들게 되자 비전문가들을 포함시켜 새로운 디자인, 용도를 발굴하면서 자신들의 약점을 보완하고 소비자를 만족시키는 것이다.

새로운 변화와 혁신은 항상 새로운 것과 기존의 것의 경계선상에서 발생한다. 이 같은 진리를 깨닫고 현재의 부족한 부분을 바깥 시각에서 보고 보완할 수 있도록 정신을 차려야 하는 것이다. 중이 제 머리 못 깎는다는 점을 되새기며 외부 수혈과 같은 바깥세상의 지식을 찾아야 한다.

혁신과 변화는 감성, 공감을 통해 유도해야 한다

기업에서 혁신을 추진하면서 입버릇처럼 얘기하는 것이 '변화관리'다. 그러면서 가장 확실한 변화관리는 최고 경영자의 강력한 리더십이라고 얘기한다. 기업에 따라서 수백 혹은 수만 명 이상의 조직이 어떻게 한 사람의 힘으로 좌지우지될 수 있을지 의구심이 가는 대목이다. 최고 경영자가 앞장서서 변화를 외치고 저항 세력을 색출하면 나머지 인원들은 그 분위기에 편승해 갈 수밖에 없다는 인식이 밑바탕이 된 것이다. 일종의 탁상행정식 변화관리 개념이다.

사람들은 아무리 좋은 변화라 할지라도 이해관계를 따질 수밖에 없다. 조직 내 변화도 마찬가지다. 자신들이 감당할 수 있는 수준에서 변화를 수용하려 하는 것이다. 이 경우 달성 가능한 변화만을 시도하려 한다는 모습을 보이기 마련이다. 이를 간과하고 '톱다운Top Down'식 변화를 추진하게 될 경우 처음에는 효과가 있는 것처럼 보일지 몰라도 시간이 흐르면서 결국 원위치 되는 속성이 있다. 때로는 경영진조차 왜 변해야 하는지 확신이 서지 않은 상태에서 리더십을 발휘해 달라는 요구에 단지 정해진 대로 변화를 주장하고 요구하기 때문에 절실함과 진정성이 약해지기도 하는 것이다.

변화관리의 본질은 사람들이 자신의 변화 범위를 보다 폭 넓게, 보다 도전적으로 실천할 수 있도록 유도함이다. 사람들의 마음을 움직이는 것부터 시작해야 한다. 이와 같은 측면에서 보면, 서구식 기존 변화관리는 마음을 움직이는 것보다 일방적인 주입식에 가깝다. 긴장감을 불러 일으켜 변화가 필요함을 강조하고 실행력을 높이기 위해 리더가 앞장서야 한다는 식의 주입인 것이다. 설득이라기보다 다분히 강압적인 방법이다. 강압적인 접근의 문제는 복지부동을 불러일으킨다는 것이다. 이때, 진정한 변화는 불가능하다.

한동안 스토리텔링이 유행처럼 번졌다. 틀에 박힌 연설문이나 훈시 대신 이야기를 들으면서 이해할 수 있는 스토리텔링이 필요하다는 주장이 설득력 있게 다가왔다. 그래야 듣는 이로 하여금 오래 기억에 남게 하고 효과 역시 크다는 것이다. 그는 "인생이란 직장, 가정, 건강, 우정 그리고 정신이라는 5개의 공을 저글링하는 게임이다. 이것들을 동시에 공중에 던져 떨어뜨리지 않게 논다고 생각해보라"며 흥미로운 서두를 꺼냈다.

"여러분은 직장 혹은 일이라는 것이 고무공임을 금방 알 수 있습니다. 만약 떨어뜨린다 해도 다시 튀겨져 올라오죠. 그러나 다른 네 가지(가정, 건강, 우정, 정신)는 유리로 만들어진 공입니다. 만약 이것들을 떨어뜨린다면 그 공들은 회복이 어려울 정도로 흠집이 생기거나 혹은 금이 가거나 어쩌면 아예 산산조각이 날지도 모릅니다"

"여러분들은 반드시 그것을 이해하고 인생의 균형을 맞추기 위해 노력해야 합니다. 이를 위한 방법으로 자신의 가치를 존중하고 하루하루를 소중히 살고 절대 포기하지 말며 너무 빠르게 인생을 질주하지 말고 한

계단 한 계단 음미하고 가야 합니다”

그의 연설문은 기업체의 신년사와 다소 어울리지 않는 감성적인 표현들로 가득 차 있었다. 회사 일을 열심히 하는 것이 회사의 성장이며 곧 개인의 성장이라는 낯익은 주문 또한 없었다. 모르는 일이지만 당시 코카콜라 직원들은 그 날의 신년사를 오랫동안 기억했을 것이며 가슴에 남겼을 것이다.

고객들에게 제품을 선전할 때도 제품의 특성에 초점을 맞추기보다 왜 이 제품이 필요한가에 대해 이야기할 필요가 있다. 예를 들어, 꽃을 판매할 때에도 ‘한 송이 사가라’는 것과 ‘사랑 한 송이를 선물하세요’라고 표현하는 것은 분명 다르다. 전자는 단순히 상품을 판매하는 것이다. 반면 후자는 상품에 의미를 담아 파는 것이다. 고객들의 반응 역시 다르게 나타날 것이다. 여기서 한 걸음 나아가면 상품에 감성을 더하는 것이다. 가령, ‘유명인 모씨가 사랑을 고백할 때 손에 들었던 꽃입니다’라며 공감의 정도를 극대화하는 것이다.

상품에 대한 감춰진 배경이나 에피소드를 소비자들이 접할 때 느끼는 공감 또는 동질감 같은 감정은 쉽게 그리고 입소문을 타고 번질 수 있다는 것이다. 외부 고객들에게만 상품을 팔기 위한 스토리텔링을 할 것이 아니라 내부 직원들의 변화와 혁신을 위해서도 스토리텔링은 필요하다. 감성을 이끌어 낸다면 변화관리는 보다 수월해질 것이다.

오래된 사내 제도,
안 해도 되는 일부터 없애는 것이 '혁신'

법法은 물水을 뜻하는 삼수변에 갈 거去가 더해진 글자다. 법이란 물과 같이 부드럽고 자유롭게 흘러가도록 해야 한다는 것이다. 그러나 우리가 일상에서 느끼는 법은 본래의 뜻과는 다소 거리가 있다. 법은 이해하기 어렵고 까다로우며 딱딱하며, 종종 약자에게 엄격해 보이기까지 한다. 법을 지키는 것은 귀찮지만 위반 시에 받게 될 처벌이 두려워 마지못해 지키는 경우가 많다.

간통죄는 얼마 전 위헌판결로 폐지됐다. 간통죄가 폐지된 것은 현재의 시대적 상황과 맞지 않은 법이기 때문이다. 그러나 간통죄처럼 폐지돼야 할 법들은 생각보다 많다. 이런 법들이 존재하면 법의 사각을 노려 부당한 이득을 취하는 이들도 있기 때문이다. 때로는 다른 법을 집행하는데 이런 법들은 장애물로 작용하기도 한다.

기업 내부를 보면 '장애물 같은 법'과 유사한 사례가 있다. 단순히 과거부터 해왔다는 이유로 관행적으로 유지되는 제도, 표준, 원칙, 사규 등이 그것이다. 유명무실한 이런 규정을 관리하기 위해 인력이 낭비되기도 한다.

과거에 비해 직원들이 출근해 정해진 자리에 앉아야 할 필요가 줄어들었다. 심지어 재택근무를 해도 전혀 문제가 발생하지 않는 업무도 비일비재하다. 정보기술이 발달하면서 자리를 지키지 않아도 업무 수행에 차질이 없는 경우가 많아졌다. 그러나 근태규정, 근무원칙은 이런 현실을 쫓아가지 못하는 경우가 다반사다. 항상 직원들이 제자리에 있는지 감시하는 오랜 규정에 묶여 재택근무 등에 소극적으로 대응하는 경우가 자주 발생한다.

각종 분석 지표 또한 마찬가지다. 오래된 기업일수록 내부 효율을 높이기 위해 사용하는 지표가 많겠지만, 일반적으로는 3,000개가량이라고 전해진다. 담당자들은 어쩌다 한번 누군가 물어볼 경우 긴급히 지표를 만들어 내는 것이 다반사다. 체계적이고 꾸준한 관리가 아닌 땜질식 관리가 이뤄지는 것이다. 이렇게 만들어진 지표는 시간이 흐를수록 필요한 이유가 퇴색된다. 그러나 인수인계 과정에서 막연히 해야 하는 것으로 인식돼 그대로 사용되게 된다. 운영하거나 지킬 사람이 없는 이 지표를 왜 만들고 가져가는지 되새겨 봐야 한다. 불필요하다는 생각이 들 경우 과감히 폐기할 줄도 알아야 한다. 하지 않아도 되는 일부터 없애는 것이 혁신의 첫 걸음인 것이다.

필자의 경험을 소개할까 한다.

통상 직원들은 회사에 출근해서 하는 일은 시간소모적인 것이 많다. 실제 부가가치를 창출하는 일이 거의 없다며 불만을 토로하기도 한다. 반복되는 보고서 수정, 특히 토씨 혹은 문구 수정으로 인한 재작업과 아무도 관심 갖지 않는 보고서 제작에 대한 불만이 팽배하다. 이러한 불필요한 일을 제거해야겠다는 의지를 갖게 된 것 역시 직원들의 지적 때문이었다. '사무합리화 운동'이라는 미명하에 개인별로 출근해서 퇴근할 때까지 하는 업무들 중 불필요한 일들을 정리토록 했다.

수많은 '제거' 대상들이 제출됐다. 문제는 폐기해야 할 일들의 면면을 살펴보니 진정으로 없애야 할 일이 아니었다는 점이다. 하기 싫은 일들이 다반사였다. 당연히 해야 할 일들을 단순히 귀찮거나 아무도 알아주지 않는다는 이유로 폐지한다면 소탐대실하는 결과를 초래할 수 있기 때문에 유의해야 한다. 지금은 고인이 된 BPR의 창시자 마이클 해머는 "일은 크게 세 가지 종류가 있다"고 주장했다.

첫째는 고객에게 가치를 제공하기 위해 '반드시 해야 할 일'이다. 다시 말해 가치를 창출하는 일이다. 둘째는 오버헤드로서 가치를 창출하지 않지만 정상적인 운영을 위해서 '필요한 일'이다. 일상적인 점검, 추적, 우선순위 부여, 일정 조정 등이 이에 해당한다.

마지막은 '하지 않아도 될 일'이다. 낭비라 표현할 수 있는 중복작업, 오류, 책임전가용 보고서 등이 이에 해당한다. 문제는 이런 일들에 빠져 바쁘다보면 일을 많이 하는 것으로 착각한다는 점이다.

일반적으로 고객에게 가치를 제공하는 일이나 오버헤드를 줄이기 위한 일들은 내 중심으로 판단 기준을 정한다는 공통점을 가지고 있다. 이는 손해 보기 싫은 본능 때문이다. 과거에는 전체의 이익을 위해 개인이 손해를 감수해도 된다는 것이 도덕의 기준이었다. 그러나 서구 개인주의가 도입되면서 '우리'보다는 '나' 중심의 사고가 확산됐다.

정보시스템에서도 유사한 경우가 발생한다. 특수한 요구에 의해 개발된 조회 화면의 경우 담당자가 변경되면 후임자는 자신이 필요한 것만을 활용하는 것이 대표적이다. 시간이 흐르다보면 이 화면이 왜 필요한

지 아무도 모르게 된다. 하지만 이 프로그램은 전체에 포함돼 있기 때문에 유지보수 항목에 그 이름이 올릴 것이다. 이를 해결하기 위해 정보시스템을 운영하는 사람들은 사용하지 않는 화면들을 정기적으로 점검 후 실제 사용자들에게 사용 여부를 확인한다. 미사용일 경우 삭제하는 작업을 주기적으로 실시하는 것이다. 이 경우 폐기하는 것만큼 비용을 절감할 수 있게 된다.

결국 기업 내부에서의 불합리나 낭비가 어떻게 비용과 연결이 되는지 보여주고 이를 제거하기 위해 물이 고여서 썩거나 장애물에 막히지 않고 자연스럽게 흘러가도록 제도나 표준, 업무처리 방법 등을 항상 새롭게 정비해야 한다.

의사결정은 데이터 아닌 사람 몫, 때로는 직관을 믿어라

난관에 부딪히거나 해결하기 힘든 문제에 빠졌을 때 우리는 이것에 매달리고, 해결하려고 애를 쓴다. 때로는 '정신일도 하사불성精神一到 何事不成'이라며 몰입할 것을 강요받기도 한다. 그러나 해당 문제만 오롯이 집중해도 좋은 아이디어는 떠오르지 않기 마련이다. 매달릴수록 시간이 흘러가면서 지쳐 허우적거릴 뿐이다. 혹자는 이 같은 상황에서 빠져 나오기 위해 잠시 문제를 덮어놓을 필요가 있다고 주장한다. 잠시 문제를 덮어놓고 다른 생각·행동을 하라는 것이다. 특히, 창의성을 요하는 문제일수록 문제에서 한 걸음 물러나서 생각해야 한다고 강조한다.

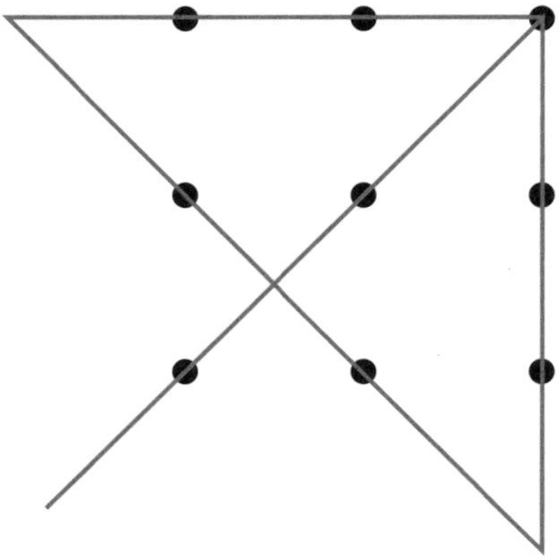

다음과 같은 9개의 점이 있다. 단 네 번의 직선으로 모든 점을 통과시켜 보자. 이 문제를 해결하기 위해서는 고정관념을 버려야 한다. 정사각형이나 다른 도형을 그리면 해결되지 않는다. 대신 경계를 허물면 그림처럼 손쉽게 직선 네 개로 모든 점을 통과시키는 것이 가능해진다.

혜민 스님은 '멈추면 비로소 보이는 것들'이란 명언을 남겼다. 그는 바쁘게 살고 움직이는 우리들에게 머릿속 가득한 상념과 생각을 잠시 멈추고 새로운 것을 받아들일 것을 권했다. 이런 자세로 세상을 관조하다 보면 새로운 것을 받아들일 공간이 생기고, 직면한 문제를 새로운 시각으로 바라볼 수 있게 된다.

머리를 정리하거나 식히기 위해 모든 것을 잊고 며칠 동안 '딴 짓'에 몰두한 경험은 누구에게나 있을 것이다. 이렇게 한 걸음 물러서서 머리를 비우면 어려운 고민이 쉽게 정리되기 마련이다. 너무 문제 자체에만 빠질 경우 고정된 틀에 갇혀 시야와 사고의 폭이 좁아지게 된다. 이런 문제가 발생하는 까닭은 우리의 뇌가 그렇게 생각하기 때문이다.

'무의식 생각 이론'은 우리의 뇌는 서로 대치되는 수많은 요인들 사이에서 의사결정을 할 경우 무의식적인 처리가 사실상 의식적 사고보다 우위에 있다는 이론이다. 이 이론은 암스테르담 대학의 데익스테르후이스 교수가 주장하는 것이다.

그는 "보고 느끼고 경험했던 것들이 우리 내면에 잠재돼 있다가 무의식적으로 인간의 의식과 행동에 영향을 끼친다"고 전한다. 보다 나은 의사결정을 위해 직관을 활용해야 한다는 것이다.

그는 다음과 같은 실험을 통해 이를 증명했다.

실험 대상자를 A, B, C 세 그룹으로 나누고, 의사결정에 필요한 정보들을 제공한 후 A에게는 그 자리에서 즉시 의사결정을 하도록 했고, B에게는 어느 정도 시간적 여유를 주고 분석 후 의사결정을 주문했다. C 그룹에게는 정보를 제공한 후 바로 분석을 못하고 다른 일을 하다가 나중에 직관에 따라 결정하게 했다. 결과는 앞서 설명한 바와 같이 C가 제일 좋았다.

실험 결과에 비춰보면 어떤 일에 빠져들어 헤맬 경우 오히려 다른 일에 빠져야 한다. 아무리 많은 객관적인 정보가 주어진다 하더라도 데이터만으로는 모든 현상을 설명하는 것은 사실상 불가능하다. 이때 우리가 경험했던 직관이 참신한 방법을 찾아내게 된다. 무의식을 활용하라는 것이다.

경영에 있어서도 이 같은 일은 자주 마주치기 마련이다. 의사결정에 필요한 것은 무엇보다도 관련된 정보다. 사실에 근거한 의사결정이 필요하다며 수많은 데이터를 가져다 놓고 정보의 홍수 속에서 스스로 빠져들게 되는 것이다.

최근에는 '빅 데이터Big Data'라 해서 수치화된 정보 외에도 문자나 그림 등 비정형화된 데이터들까지 분석하려 한다. 이란 분석 결과를 바탕으로 의사결정에 활용하려는 것이다. 하지만 과연 우리가 어떤 현상을 데이터로서 모두 설명할 수 있을지 의문이다. 경영자들에게 만약 충분한 시간이 주어진대도 정확한 결정을 내렸다고 단정할 수 없을 것이다. 결국에는 제한된 시간과 한정된 정보를 활용할 수밖에 없는 상황에서 결정을 내려야 할 주체는 사람이지 컴퓨터가 아니라는 것이다. 의사결정은 데이터가 아닌 사람이 하는 것이다.

사실에 근거한 의사결정을 선호하다보면 잘못된 정보에 의한 실수 가능성도 배재할 수 없다. 분명 데이터에 이상은 없었지만 결과는 예측과 다르게 나타났다고 말하는 이를 자주 발견할 수 있을 것이다. 그것은 우리가 모르거나 빠트린 필수 요인들이 반영 안 됐기 때문이다. 가설 자체 설정에 오류가 있을 경우 충분히 발생할 수 있다. 정확한 의사 결정을 위해 데이터에 집착하거나 해당 문제에 과하게 빠져서는 문제 해결에 결코 좋은 결과만을 불러오지 못할 것이다. 직관이라는 무의식을 활용해 볼 수 없거나 놓쳤던 부분을 뇌가 다른 지식과의 범주를 통해 풀 수 있도록 하는 것이다. 언뜻 보고 평가하는 것이 끊임없는 추측보다 나을 수 있다. 잠시 멈추고 한 걸음 물러서서 바라보는 연습이 필요한 까닭이다.

한눈 팔면 문제 발생한다. '기초'로 돌아가기를 두려워 마라

혁신이 필요한 순간에 어디서 시작해야할지 모를 수 있다. 모든 문제들이 복잡하게 얽혀있다 보니 혼란에 빠지는 것이다. 이때 우리는 '초심으로 돌아가자'는 표현을 곧잘 사용하곤 한다.

영어로 'Back to the basic'이라 표현한다. 다시 말해 본질을 되짚어 보자는 것이다. 많은 기업들이 성장하면서 초기 가족적인 분위기 속에서 모두가 한마음으로 단결돼 운영되다 조직이 커질수록 방황하게 된다. 다양한 기능이 생겨나고 업무가 세분화되면서 부문 간 단절이 생기고 의사소통이 발생하는 것이다. 이때쯤 되면 기업이 당초 추구하던 이념과 목표는 효율을 향상시키려는 노력에 파묻혀 잊히게 된다. '본말이 전도된다'는 말처럼 고객을 위하는 것이 아닌 내부 효율을 높이는데 매진하다 경영을 위태롭게 만드는 것이다.

문제를 바라보는 시각이 달라지게 돼 문제가 발생하는 것이다. 같은 산도 앞에서 보는 경치와 뒤에서 바라보는 것은 다르기 마련이다. 고객을 바라보던 눈이 내부 효율을 높이는데 '한눈'을 팔기 시작하면서 발생하는 문제다. 이 같은 상황에 놓였을 때 일반적으로 기업들은 크게 두

가지 모습을 보인다.

하나는 문제 해결을 위해 자기성찰과 같은 과정을 통해 근본 문제의 원인을 찾거나 이를 해결해줄 사람 혹은 전문기관을 수소문하는 것이다. 다른 하나는 근본적인 해결책 없이 기존 방식을 고수하면서 목표달성만을 위한 '전진'만을 강조하는 것이다.

전쟁터에서도 전세가 불리할 경우 전열을 재정비해 전투를 맞는 것이 상식이다. 후자와 같은 방식은 스스로 전열 재정비할 기회를 놓치게 되는 것과 같다. 진정한 원인을 찾을 기회를 잃게 되니 문제해결은 요원해지는 것이다.

일상생활에서 지혜를 찾아보자.

한 번도 겪어보지 못한 운동을 할 때 반드시 거쳐야 하는 것이 있다. 다름 아닌 기초를 다지는 일이다. 이 과정은 지루하고 길기 마련이다. 하지만 이 과정을 거쳐야 게임과 시합이 가능해진다. 레슨을 받는 과정도 유사하다. 빨리 운동을 하고픈 마음에 대충 배우고 시작하게 될 경우 일정 수준에 도달할 순 있으나 그 이상의 실력향상은 힘들 것이다. 이때 되돌아보면 기초 다지는 부분을 소홀히 했다는 점을 깨닫게 된다. 하지만 기초로 돌아가는 것에는 머뭇거리게 될 것이다. 그 시간이 얼마나 지루한지 겪어봤기 때문이다.

필자 역시 유사한 경험이 있다. 말과 함께 달리는 구보 단계를 배우고 있었는데 말이 달리니 중심 잡기가 어려워 자꾸 자세가 흐트러지는 것이었다. 자연스레 리듬은 깨졌고 말은 달리기를 멈추기 십상이었다.

교관에게 당분간 구보를 포기하고 기본자세부터 다시 점검하겠다고 말하고 레슨을 거꾸로 받기 시작했다. 비록 일시적인 재미는 잃었으나 기초를 다진 후 한결 자세도 안정됐고 리듬감을 되찾을 수 있었다. 2보 전진을 위한 1보 후퇴인 셈이었다.

기본으로 돌아가 업의 본질을 다시 점검하고 현재 문제와의 차이를 정확히 진단하고 이해해야 새로운 기법 적용도 쉬워지기 마련이다.

전열 재정비를 위해 'Shrink to grow(성장하기 위해 줄어들다)'의 의미를 파악해야 한다. 기업이 계속해서 매출이나 이익이 성장할 수 있다는 생각은 위험한 발상이다. 시장 상황이나 경제 여건에 따라 탄력적으로 목표를 설정해야 한다.

물론, 극약처방으로 인력구조조정을 통해 역성장을 막을 수도 있을 것이다. 하지만 이는 호황을 대비하거나 미래를 대비한 일종의 씨앗을 없애는 것과 다름없다. 극약처방을 가급적 자제해야 하는 이유다.

'Back to the Basic'이 바로 그런 것이다. 기초가 부실하면 빨리 원위치해서 다듬고 강화해야 한다. 그래야 오래갈 수 있다. 기초 부족을 느꼈을 때 주저해서는 안 된다.

‘무주의 망시’는 ‘자가당착’ 몰락의 지름길이다

심리학 용어 중 ‘무주의 망시’란 말이 있다. 자기가 보고 싶은 것에만 집중하느라 정작 중요한 것은 놓치게 되는 현상을 일컫는 말이다.

미국의 크리스토퍼 차브리스와 다니엘 사이몬이 실험한 ‘보이지 않는 고릴라’를 보면 이 용어를 쉽게 이해할 수 있다.

TV 화면에 농구 경기를 보면서 상대방이 몇 번 패스를 주고받는지 세보라고 주문한 후 화면 중앙에 검은 큰 고릴라를 지나가게 하는 것이다. 영상이 끝나면 고릴라를 봤는지 질문했을 경우 국적을 불문하고 50퍼센트 가량의 사람들이 고릴라를 의식하지 못했음을 알 수 있다. 경기에 집중하다보니 관심 가졌던 외의 정보는 잘 알아채지 못했던 것이다.

기업 경영에서도 이와 유사한 현상을 볼 수 있다. 주로 어려움에 당면한 기업들이 이를 극복하고자 외부 컨설턴트의 도움을 받아 현상을 점검하고 개선책을 마련하기도 한다. 외부 컨설턴트들은 외부의 시각으로 선진회사들을 기준삼아 업체를 진단하고 보고서를 작성한다. 이 과정에서 새로운 혁신적인 아이디어가 제시된다. 하지만 업체 내부의 기득권을 가진 이들은 이 보고서를 수용하려는 태도를 지니지 않을 것이다.

"우리의 사업을 모르는 외부 사람들이 만들어낸 실현 불가능한 계획이다"라며 최고 경영진에게 보고되기 전에 자신들이 바라고 희망하는 내용으로 수정해 줄 것을 요구하고 마는 것이다. 안타까운 것은 많은 기득권층이 원하는 미래 모습이 그들의 '입맛'대로 각색된다는 점이다.

새로운 환경이 밀려오고 또 지나간다. 하지만 위 사례의 기득권층은 오로지 현재 보이는 것에만 초점을 맞추고 변화의 폭을 줄이며 불 위의 냄비 속에서 변하는 온도를 감지하지 못하고 죽어가는 개구리 같은 행동을 하는 것과 다름없는 것이다.

불투명하고 불안한 마음일 때 사람들은 점을 보러 간다. 특히 새롭게 시작하는 일에 대한 점을 보며 가능성을 타진한다. 점괘가 매사 좋게만 나올 순 없을 것이다. 이때, 이를 믿지 않는 이들이 있다. 이들은 "내가 얼마 만큼 준비했고 완벽한 계획인데 잘 모르고 하는 소리다"라며 점쟁이에게 고래고래 소리를 지르고 다른 점집을 찾기 마련이다. 이들은 좋은 점괘가 나올 때까지 점집들을 기웃거린다. 원하는 답을 들어야만 직성이 풀리기 때문이다. 재미있는 것은 이들 중 실제 점괘대로 좋지 않은 성적표를 받아든 이들이 윽박질렀던 점집을 다시 찾아가 '당신 말을 들었어야 했다'며 후회한다는 것이다.

최고경영자일수록 단기 업적에 내몰리다 보면 자연스럽게 지나치는 것을 못보고 놓치는 경우가 왕왕 발생한다. 문제는 이들이 '컨설팅'을 들으려하지 않고 자신이 생각한 모습을 'To-Be'로 만들기 위해 각색한다는 것이다.

단언하건데, 새로운 에너지나 지식의 주입 없이 변화하는 환경에 적응할 수 없다. 외부의 시각으로 문제를 찾아야 하는 이유가 바로 여기에 있다. 일각에서는 순수혈통만을 강조하면서 순혈주의를 고집하기도 하지만 변화하는 환경에 적응하지 못할 것이다.

'외부자원을 활용하는 것은 일종의 낭비다', '우리 문제를 가장 잘 아는 우리가 해결해야 한다' '우리의 노하우가 유출될 수 있다'며 결국 내부 인력들로 문제를 찾아내려고만 한다면 이는 족내혼과 다를 바 없다. 근친상간을 일삼는 해당 부족은 결국 멸망을 맞게 될 것이고 내부 인력들로 문제를 찾으려고만 했던 집단은 자멸하게 될 것이다.

업계 선두기업의 경우 더 이상 배울 것이 없다 해서 자체적으로 수행하겠다고 오만한 태도를 취할 수 있다. 만약 실제 그런 기업이 있다면 혁신이 아닌 문제를 '찾는 척' 흉내만 낼 것이다. 이런 사고방식을 가진 이에게 묻고 싶다. 스스로 할 수 있었다면 그 동안 왜 못했던 것이냐고.

새로운 지식 주입이 없이 고질적인 문제 해결은 더욱 어려울 수밖에 없다. 외부의 시각, 타 산업의 사례 등을 참고해 사고할 때 경계를 허무는 아이디어가 나올 수 있는 것이다. 자가당착 모순에 빠진 자세는 지양해야 한다. 무주의 망시를 반면교사 삼아 방법을 찾아야 한다. 몰락은 멀리 있는 것이 아니다. 가까이 있다. 일찍이 몰락한 기업들이 교과서가 될 것이다.

휴식이 경쟁력이다, 쉬는 문화 정착이 창조경제의 시발점이다

우리가 살고 있는 이곳은 1년 단위의 순환이 이뤄지고 있다. 봄으로 시작해 여름, 가을 그리고 겨울로 이어지는 4계절의 순환이다. 동·식물들은 이 순환을 통해 새로운 생명이 태어나기도 하며 결실을 거두고 또 겨울이 오면 휴식에 들어간다. 인류 사회에서도 한 해를 보낸 연말에 유독 시상식 등이 성행함을 알 수 있다.

농부들 역시 마찬가지다. 봄에 씨를 뿌려 여름내 잘 가꾸고 가을에 수확을 한 후 이때 비축한 곡식 등을 바탕으로 겨울을 보내는 것이다. 물론 농부들이 겨우내 쉬기만 한다고 볼 수는 없지만 그래도 과거 농경시대부터 겨울은 농한기라 해서 새해를 기다리며 쉴 수 있는 기회가 됐다. 바빠서 못 만났던 사람들이 조우하기도 했다. 촌락의 입구에 등장한 낯선 이를 향한 경계의 지저귐에서 '까치가 울면 손님이 올 징조다'는 말의 유래가 되기도 했다.

우리 몸의 경우 하루 단위의 순환이 반복된다. 낮 동안 활발히 몸을 움직이고 밤이 되면 휴식을 취해 이튿날을 대비하는 방식이다. 음양의 교대라 할 수 있다. 하지만 현대인들의 삶은 쉬는 것이 점차 허용되지 않는 분위기다. 문명의 이기를 활용해 밤에도 불야성을 이루면서 쉬어야 할 몸을 과로·과음 등으로 혹사시키며 몸을 망가뜨리고 있는 것이다.

조직 생활에서도 1년 단위의 기간을 살펴보면 새해에 새로운 전략을 수립하고 도전적인 목표를 설정하면서 요란하게 출발한다. 하지만 목표를 달성하지 못하면 수시로 새로운 목표를 설정하면서 극복하려고만 한다. 연말이 되면 마지막 한 톨이라도 더 하겠다는 일념으로 회계연도의 마지막인 12월 31일까지 피치를 올리곤 하는 것이다.

자연히 쉴 시간은 점차 사라지게 된다. 일각에서는 추석과 설 당일을 제외한 1년 내내 업무에 집중했다고 자랑스럽게 말하는 이도 있다. 이는 아랫사람에게 은근한 압박이 되기 마련이다. 휴식을 통해 이튿날의 성장을 위해 휴식하는 것이 자연스러운 이치지만 이뤄지지 않고 있는 것이다. 대나무가 바람에 꺾이지 않고 성장하기 위해서는 마디가 필요하듯 사람은 휴식을 취해야 하며 경영도 마디가 존재해야 부러지지 않고 지속적으로 성장하는 법이다. 사람의 뇌도 밤이 되면 잠을 자면서 하루를 정리해야 이튿날 머릿속이 맑아지고 업무 능률도 향상될 수 있다. 지속적인 잔업은 효율을 저해시키고 노동자들의 건강을 파괴하는 '소리 없는 살인마'나 다름없다.

외국 기업들은 이렇게 정신없는 우리와 다른 패턴을 가지고 있다. OECD 국가들 중 가장 오래 일하고 노동생산성이 저조한 우리나라와 달리 외국에서는 무리한 목표 설정을 지양하고 목표 대비 초과달성 역시 전체 효율 측면에서 올바르지 않은 것으로 여기는 것이다. 자연히 목표를 설정하는 단계에서 달성 가능한 목표선정을 위해 고민과 대화의 시간을 많이 갖는다. 모두가 공유하는 목표가 설정된 후 구성원들은 이를 달성하기 위해 최선을 다하게 되는 것이다. 우리의 경우처럼 무리한 '초과달성'을 요구하지도 않을뿐더러 연 중 1회 가량 중·장기 측면을 고려한 실적 점검만이 있을 뿐 큰 변화를 주지 않는다. 이 경우 연말이 다가올수록 지난 한 해의 경영실적을 가늠할 수 있게 되고 새해를 위한 새로운 목표설정을 위한 준비의 기간으로 삼을 수 있게 된다.

미국을 예로 들어보자.

미국의 경우 11월 마지막 주 목요일에 시작되는 추수감사절부터 크리스마스까지 장기간의 '휴가 시즌'을 갖는다. 우리처럼 방학이 겹친 여름의 특정 기간에 몰려서 휴가를 다녀오고 속된 말로 '땡치는' 것과 차원이 다른 휴식을 취하는 셈이다. 이를 농경사회에 빗대보면 제대로 된 농한기를 즐기는 것이라고 할 수 있다. 이런 충분한 휴식을 통해 자신만의 취미생활을 즐기기도 여행을 다녀오기도 독서를 하기도 하면서 새로운 경험을 축적한다. 대표적인 외국 기업의 장점이다. 필자는 이를 우리 기업들이 본받아야 한다고 생각한다. '진짜 재충전'을 통해 접하게 될 새로운 환경 속에서 새로운 생각이 나오기 마련이다. 자연히 창의성은 높아지고 이들이 업무하면서 발하게 될 '아웃풋'은 참신할 것이다.

매일 같은 길만 오고가는 이들에게 새로운 '인풋'없이 아웃풋만을 만들어 달라는 것은 무리한 요구다. 하지만 많은 기업들이 이렇게 행하고 있다. 만약 인풋 없는 참신한 아웃풋이 가능하다면 이는 요술 상자나 다름없다. 기적이 일어나길 바라고 또 요행을 바라고 있는 것과 다름없는 것이다. 경영인들은 이를 깨달아야 한다. 물론 따라잡기 바빴던 2등 시절의 우리나라에서는 기존의 방법이 효율적이었을 수 있다. 하지만 오늘날은 효율보다 효과를 추구해야 하는 세상이다. 미국식 재충전 제도가 우리에게 필요한 이유다. 또 이는 자연의 섭리와도 궤를 같이 하고 있다.

문명이 더 발달한 서양 사회가 오히려 자연의 순환원리대로 살아가고 있다. 선진문명을 따라잡기 위해 밤낮 구분 없이 열심히 일해 온 것이 나쁘다는 것은 아니지만 그것이 언제까지 옳다고는 할 수 없을 것이다.

최근 언론에서 '창조경제', '창조경영' 등을 자주 거론한다. 이를 위해서는 기존과 다른 경영방식이 필요하다. 하지만 우리 사회는 여전히 과거를 답습할 뿐이다. '과거의 방식'으로 성장해 이제는 1등을 유지하기 위해 고심하는 국내 대기업들이 주목해야 할 대목이다. 그나마 불행 중 다행인 것은 자의반 타의반으로 사회적인 분위기가 연말이면 휴가를 권장하는 방향으로 전환되고 있다는 점이다. 직원들에게 휴식의 기회를 주겠다는 명분과 비용절감의 목적이 절묘하게 맞아 떨어지면서 자생적으로 해당 문화가 발전하고 있는 것이다.

시작이야 어찌됐던 일에 묻혀 사는 이 땅위의 사람들에게 농한기를 주기 시작했다는 점은 상당히 고무적이라 할 수 있다. 과거와 다른 생활패턴이 점차 확산될 것이며 이는 사회 전반적인 생산성 향상에도 기여할 수 있을 것이다. 일할 때 열심히 하고 쉴 때도 열심히 쉬는 새로운 문화를 만들어 가는 것이 창조경제의 시발점이다. 어렵사리 싹을 틔운 진정한 의미의 재충전 문화가 잘 정착될 수 있도록 올바른 분위기가 조성돼야 할 것이다.

V. 시스템

사람 중심의 지속성장을 위해
인재를 양성하고
내부 소통을 활성화 하여
변화를 통한 혁신을 이루어 내고
성과를 유지하면서 리스크를 최소화 한다

모험을 즐긴다는 것은 어떤 주어진 환경을 받아들이기보다는 미지의 새로운 환경을 찾아나서는 것이다. 물론, 어떤 일이 다가올지 모르니 그것에 적응하는 것을 즐기는 것이다. 반면 안정을 추구하는 것은 불확실한 것보다는 주변환경이 내 통제하에 있어 변화에 대응해 나갈 수 있는 상황을 원하는 것이고 이때 마음이 편해질 것이다.

기업 경영도 특정 부서는 모험을 즐겨야 한다. 그러나 매일 매일의 운영을 책임지고 위기를 관리하는 조직들은 변화를 통제할 수 있도록 안정을 추구해야 한다.

시스템이란 바로 정해진 대로 틀 안에서 빈틈없이 돌아가게 하는 것이고 이 범위 내에서 조직이 운영될 때 주변 변화가 통제 가능해진다. 유비무환이란 통제 가능한 상황에서 발생하는 예기치 못한 리스크를 대비하는 것이다.

자신의 이익·업무만을 보는 내부 문제 해법은 외부에서 찾아야 한다

우리가 일반적으로 조직에 문제가 발생할 경우 해결 방법도 내부에서 찾아야 한다고 생각하는 고정관념을 갖고 있다. 물론 각자가 몸담고 있는 조직이나 영역에는 독특한 원칙, 이론, 방법들이 있기 때문에 자신들의 문제에 대해 가장 잘 안다고 생각할 수도 있다. 그러나 오늘날처럼 급변하는 환경에서는 주변 다른 영역에서 방법이나 대안을 찾아야할 필요성이 있다.

필자는 과거에 기업의 성과 평가에 대해 깊이 고민하던 시절이 있었다. 회사 임직원들의 행동을 변화시켜 성과Performance를 향상시킬 수 있는 방법을 모색했다. 새로운 시각에서 전체 최적화가 돼야 성과가 나오는데 대부분의 임직원들은 현재 자기 자신이 하고 있는 현실적인 항목들만 달성하면 된다는 근시안적인 생각을 갖고 있던 상황이었다. 전체를 고려하면서 성과를 창출할 수 있는 방안을 찾아야 했다.

필자는 지표 변화를 모니터링하고, 성과와 차이가 나는 부분을 피드백 해서 목표를 달성할 수 있는 방법을 설명할 묘수를 찾던 중 당시 회사에서 진행했던 문화 강좌를 통해 실마리를 찾을 수 있었다.

회사에서는 매월 1회 기업 경영과는 거리가 먼 저명한 강사들을 초빙해 '문화강좌'를 열었다. 그날의 강사는 지금도 현역으로 활동하는 야구 해설위원이었다. 이날 강연의 핵심은 프로야구단도 성과 평가가 중요하다는 것이었다.

그는 프로야구 선수들 역시 직장인들과 마찬가지로 연봉에 큰 동기부여를 받는다고 설명했다. 그는 상대 투수를 조기 강판할 수 있도록 공을 많이 던지게 하는 것을 타자들의 주요 평가 지표로 선정한 구단의 예를 들었다.

실제로 타자들은 이 평가제도 이후 매 타석마다 상대 투수로 하여금 공을 많이 던지게 했다. 덕아웃에 들어온 선수들은 자신의 실적과 그것이 연봉에 얼마나 반영될지를 계산하기 시작했다. 그렇게 몇 개월이 지나자 구단의 성적은 엉망이 되었다.

타자들이 팀이 아닌 자신을 위한 플레이를 했기 때문이었다. 타자들은 루상에 있는 주자를 불러들이는 것보다 자신의 연봉 포인트를 높이기 위해 상대 투수의 공을 많이 던지게 했다. 팀플레이가 전혀 안 되다 보니 팀 성적은 자연스럽게 하락했다.

당시 타율을 높이거나 수비 실책을 줄이는 것이 전부인 운동 경기가 성과 평가와 무슨 관련이 있는지 아리송했던 필자는 프로야구 선수들에게서 부분최적화의 전형을 볼 수 있었다. 기업의 임직원들 역시 각자의 이익을 위해 협력하지 않게 되면 필연적으로 실적이 떨어지게 된다.

결국 필자는 이 날의 강연을 계기로 어떤 그룹이 갖고 있는 문제적 상황은 모든 분야에서 공통적으로 벌어지는 현상이라는 것을 깨달았다. 더불어 그것을 해결하는 특별한 방법이 별도로 존재하는 것이 아니라는 사실도 함께 깨닫게 됐다. 이것이 10년도 지난 지금까지도 이날의 강연을 기억하면서 틈틈이 참조하는 이유다.

현대 사회에서는 모든 영역들이 전문화·세분화돼 개인 혼자서 전체를 보기 힘들어졌다. 지식의 통합이라는 의미의 '통섭'이라는 용어가 일반적으로 사용될 정도로 타 분야에 대한 벤치마킹이 중요해졌다.

외국 대학들의 경우 학과를 통합하여 새로운 방법을 찾을 수 있도록 융합을 시도하고 있는 것도 같은 취지라고 할 수 있다. 최근 기업들은 다른 산업의 베스트 프랙티스Best Practice를 찾아서 접목시키거나 이공계 중심의 인력 채용에서 벗어나 인문학 전공자들을 선발하려는 움직임을 보이고 있는 것도 이런 맥락 때문이다.

기업들은 고질적인 문제해결뿐만 아니라 성과 관리를 위해서라도 타 분야와의 융합이나 벤치마킹을 적극적으로 고려할 필요가 있다.

기업도 인체처럼 '유기적인 업무 해부도'를 갖춰야 한다

『동의보감』은 복잡하거나 어려운 의학용어가 등장하는 것이 아니라 동양철학에 근거해 몸의 구조와 장기들의 구성, 순환원리 등을 상세하게 설명하고 있다. 『동의보감』은 우리 몸의 내부세계를 보여주는 신형장부도, 내부세계를 설명해주는 「내경」편, 몸 안과 연결된 외부세계를 설명해주는 「외형」편, 주위 환경과 각종 질병들에 대하여 설명해주는 「잡병」편, 각종 약들에 대하여 설명해주는 「탕액」편으로 구성돼 있다. 필자는 이 중 〈신형장부도〉, 「내경」편 및 「외형」편을 기업의 운영에 비교 설명하고자 한다.

〈신형장부도〉는 우리 인체의 개략적인 해부도이다. 우리 인간은 이런 해부도를 통해서 몸의 구조를 이해했고 어디를 고쳐야 하는지를 알 수 있게 된 것이다. 기업의 경우 해부도에 해당하는 상세한 〈업무 흐름도〉나 〈작업지시서〉 등이 있다. 필자의 경험을 비추어 볼 때 대부분의 기업들이 신형장부도 수준은 보유하고 있다고 주장을 할 것이다. 그러나 언제 만든 것인지 물어보면 오래전에 만들어졌으며, 지속적으로 관리하지 않아 최근의 실제 업무와 일치되지 않는다고 할 것이다.

결국 기업들은 자신의 모습을 정확히 알지 못하고 어떻게 운영되고 있는지 정확히 이해도 못하면서 내부 문제들을 해결하겠다고 한다. 문제를 해결하려면 문제의 정확한 현상을 파악하고 원인을 찾아내는 것이 일반적인 방법이다. 내 자신의 몸의 구조와 운영 원리를 모를 경우 아프면 병원으로 달려가서 의사에게 몸을 맡긴다. 의사의 처방대로 약을 먹거나 주사를 맞아 고치고 나면 또 다시 이전과 같은 방법으로 생활을 한다. 내 몸을 알고 있다면 피해야 할 일들은 알아서 사전에 예방할 수 있을 것이다.

기업도 동일한 패턴으로 행동을 한다. 내부의 구조나 상세 운영 원리를 모르면서 문제를 해결하기 위해서 외부의 컨설턴트를 찾아가는 것이다. 외부인의 시각으로 내부를 진단하기에 개략적인 진단으로 그칠 수밖에 없다. 컨설턴트들의 경험과 지식은 한계에 있으므로 기업마다 적합한 최적의 해법을 일정 기간 내에 제시한다는 것은 사실 힘들기 때문이다. 내부에서 정확히 자기 문제를 파악하고 있다면 여기에 전문가들의 지식을 활용하여 나름대로 최적의 방안을 마련할 수 있다. 먼저 해야 할 일은 기업의 업무에 대한 해부도를 우선 확보해야 하는 일이다.

「내경」편에는 우리 몸의 가장 중요한 운영기관인 오장육부에 대해 설명하기 시작한다. 오장육부는 우리 몸의 신진대사를 책임지고 가장 중요한 기관들로서 피를 저장하고 공급해 주는 간, 심장, 비장, 폐(허파), 신장(콩팥) 등의 오장과 소화 및 대사를 책임지는 담, 소장, 위, 대장, 방광 및 삼초 등 육부가 있다. 팔이나 다리가 없어도 오장육부가 온전하면 생명을 유지하는 데 지장이 없을 정도로 중요한 기관이다. 추운 날씨에 동상이 손이나 발부터 시작되는 이유는 우리 몸이 한정된 에너지로 오장육부를 먼저 보호하기 때문이다.

기업의 오장육부에 해당하는 것이 무엇일까? 직원들이 출근해서 매일 하는 업무들은 기업의 신진대사에 해당될 것이다. 오장육부에 상응하는 것은 실질적 경영활동이라 할 수 있는 실물을 다루는 업무이다. 원료와 자재구입, 대금지불, 제품생산, 품질검사, 판매, 수금 등의 활동이다. 반면에 한 달에 한 번 하는 경영회의나 연간경영계획 등은 최악의 경우 안 해도 되는 일들이다. 실제 경영에 필요한 운영 업무를 우선 잘 지키고 보호해야 하는 것이 인간이 팔과 다리보다 오장육부를 중시하는 것과 일맥상통한다.

『동의보감』「외형」편을 보면 우리가 일상생활에서 자주 사용하는 표현을 볼 수 있다. 눈의 흰자위 부분이 누런색을 띠면 간이 안 좋은 것이라고 얘기한다. 또한 귀는 신장에 연결되어 있으므로 귀를 접었을 때 통증을 느끼면 신장이 안 좋다고 설명한다. 결론은 우리 몸의 모든 장기들과 신체기관들은 서로 연결돼 있다는 것이다. 『동의보감』에서는 간은 눈에, 심장은 혀에, 비장은 입술에, 허파는 코에, 신장은 귀와 상응해 우리 몸의 상태를 보여준다고 설명하고 있다.

기업의 얼굴에 해당되는 것이 무엇이 있을까? 사람들이 얼굴처럼 볼 수 있는 재무제표를 기업의 얼굴이라고 할 수 있을 것이다. 각종 지표와 회계 보고서의 내용들을 보면 기업의 운영 상태를 알 수 있기 때문이다. 그러나 이는 한계가 있다. 많은 투자자들이며 펀드매니저, 주주 등이 재무제표를 활용하고 있지만 이를 통해서 확인할 수 있는 정보는 과거 실적이다. 뿐만 아니라 내부의 운영현황이나 문제들을 파악하는 데는 한계가 있다. 『동의보감』을 사람이라는 매개체를 통해서 기업에 활용 가능한 내용들을 살펴보자.

우선 우리는 〈대차대조표〉 및 〈손익계산서〉를 통해 눈으로 보는 진찰인 망진望診으로 기업을 진단할 수 있다.

다음은 재무제표상의 하부 지표인 운영지표 간 연결 관계를 파악하여 특정 운영지표의 부실과 향후 어떤 경영지표가 악영향을 끼칠지 예측할 수 있다. 이는 「외형」편과 「내경」편의 연결고리를 통해 인간의 몸을 진단하는 것과 비슷하다. 이 부분을 잘 다듬고 정리하게 되면 건강검진 상의 지표들 간의 인과관계 및 증상을 분류하여 점검표를 만들 수 있다.

아웃소싱은 치명적 거부반응이 잠복된 기업의 장기이식이다

일찍이 마이클 포터 교수가 1989년에 '가치사슬(Value Chain)'을 발표하면서 기업이 이윤을 추구하는 활동을 주활동(Primary Activity)과 지원활동(Support Activity)으로 분류해 설명했다.

주활동은 제조를 위한 원부재료의 공급을 위한 구매 물류(Inbound Logistics), 원부재료를 가공하여 제품을 만드는 제조(Operation) 과정, 완성된 제품을 고객에게 전달하는 출하 물류(Outbound Logistics), 고객에게 판매하는 영업과 시장을 예측하는 마케팅 활동(Marketing & Sales), 그리고 판매된 제품들에 대한 고객 서비스Service 활동으로 구성되어 있다.

지원활동은 기술 개발(Technology development), 인력 관리(Human Resource Management), 조달(Procurement), 기업의 인프라(Firm Infrastructure) 활동 등으로 설명이 된다. 인프라에는 재무, 관리, 환경, 설비, 용역 등 다양한 기능들이 포함되어 있다.

주활동은 실질적으로 가치를 창출하는 핵심 프로세스를 나타낸다. 제품을 생산하기 위한 원료의 구입과 제조과정을 거쳐 고객에게 공급하기 위한 물류과정이 이어지고 판매가 이루어진 후 매출에 따른 이익이 발생하는 것이다.

원료의 구입부터 판매까지 이루어지는 과정이 제품을 만들기 위한 실물들이 움직이는 과정이다. 인체에서 피를 저장하고 순환시키는 '오장'과 유사한 기능을 수행한다. 그러므로 마이클 포터의 주활동은 주역으로 말하면 '음의 성질'을 갖는 운영 업무라고 할 수 있다.

지원활동은 핵심 프로세스들이 정상적으로 운영될 수 있도록 지원해주는 프로세스들이다. 기술개발, 마케팅, 생산계획, 구매계획, 정보시스템, 인사, 경영관리 등이 대표적인 프로세스들이다. 이 프로세스들은 무형의 정보나 의사결정을 주로 처리하는 기능들이다. 제품이나 실물의 이동하는 주활동과는 다르다.

인체의 '육부'가 대사작용을 통해 음식물을 소화시키고 에너지를 공급하기 위한 기를 흘려보내는 것과 같다고 볼 수 있다. 보이지 않는 무형의 자산들을 활용하여 실물을 만들고 판매하는 과정을 지원하는 것이다. 그러므로 지원활동은 '양의 성질'을 갖는 운영 업무라고 할 수 있다.

음양은 상호보완적인 기능을 갖는 쌍이므로 기업의 운영 업무를 개념과 기능 중심으로 '음양'이라는 쌍으로 묶어서 설명하고자 한다.

개발/마케팅: 두 기능의 주된 역할은 신제품 개발을 위하여 개발과 마케팅은 음양의 원리에 입각하여 상호보완 관계를 유지하는 것이다. 개발 관점에서 시장이 필요로 하는 제품과 소비자가 진정으로 원하는 제품이 무엇인지에 대한 공동의 목표를 달성하는 것이 주 역할이다.

이 두 가지 기능이 잘못된 의사결정으로 제품을 설계했을 경우 문제는 더욱 심각해진다. 제품 생산 후에 문제를 고치려 한다면 재설계에 따른 재작업이나 기존 제품의 폐기와 같은 손실이 이어져 공정이 지나갈 수록 손실이 크게 증가하게 된다. 개발단계에서 만전을 기해야 이어지는 공정에서의 실패 비용을 줄일 수 있는 것이다.

구매/계획: 이 두 가지 기능의 주된 역할은 최적의 소요 계획과 공급 계획을 수립하여 적기에 필요한 부품, 자재 등 각종 물품들을 공급하는 것이다. 조달에 문제가 생긴다는 것은 인풋Input이 없다는 것과 같으므로 제조 중단, 즉 물건을 만들지 못하게 되는 것이다. 최적의 계획이 수립되어야 최소의 재고 상태를 유지할 수 있으므로 재고관리에도 중요한 역할을 한다.

제조/품질: 제조업체의 경우 제조와 품질이라는 두 기능의 주된 역할은 제품을 만드는 것이다. 고객이 요구한 제품을 규격에 맞게 만들고, 요구 물량을 적기에 만들어 공급해야 한다. 불량품을 만드는 것 자체가 문제가 되는 것이지만, 설령 불량품이 발생되어도 고객에게 유출되지 않도록 걸러내는 기능도 매우 중요하다. 결국 생산이란 요구 수량대로 정확히 만들고 제품의 질과 규격을 고객에게 충족시켜야 한다.

물류/영업: 고객에게 제대로 제품을 공급하기 위해서는 물류와 영업 기능 역시 상호 보완하는 관계가 형성된다. 영업은 고객으로부터 주문받은 물량을 판매하기 위하여 제품의 가용성 유무를 확인해야 한다. 가용성 정보는 물류로부터 확인할 수 있지만 만약 부정확한 정보가 제공될 경우 고객에게 납기를 못 맞추는 경우가 발생하게 된다.

반면 물류 역시 영업의 긴급 주문이 발생하게 되면 계획에 없던 차량 수배나 긴급 수송으로 인한 운송비용 상승과 납기 차질을 유발하게 된다. 원인이 누구에게 있든 고객 입장에선 불만이 생기게 된다. 적기에 공급하기 위하여 두 기능이 긴밀히 협력을 해야 한다.

재무/고객서비스: 두 기능은 내부의 효율을 높여야 하는 것과 고객의 만족을 높여야 하는 상충되는 목적을 상호 보완하는 것이다. 내부의 수익을 개선하기 위하여 고객별·제품별 수익을 관리할 경우 수익성이 낮은 고객이나 제품은 분명히 제거를 해야 하는 것이다. 그러나 고객 충성도 확보 및 미래 신규 고객을 위해서는 수익성보다는 잠재 구매력에 우선순위를 설정할 필요가 있다. 다분히 관리차원에서 기업의 전략과 연계하여 해결해야 한다.

주역의 음양 이론을 기업에 적용해 보니 인체의 오장육부는 어느 하나라도 없게 되면 생존에 치명적인 영향을 끼친다는 사실로부터 새로운 원리를 유추해 볼 수 있다. 음과 양은 하나의 개체에 존재하면서 상호보완적인 역할을 하는 것이므로 새롭게 구분한 운영업무의 음과 양 역시 상호보완적인 역할을 하면서 기업이 운영될 수 있도록 해야 하는 것이다.

한때 IMF 이후 비용 절감 및 경쟁력을 강화하겠다는 취지로 지원 프로세스들에 대하여 분사나 외주화를 추진한 적이 있다. 핵심 프로세스만 보유하고 있으면 경쟁력이 유지된다는 생각이었다. 상호보완적인 관계로 구성된 운영 업무들 중 일부를 따로 떼어 내어 외부로부터 연결시킨다는 것은 마치 장기 이식과 같다고 할 수 있다. 기능은 같지만 내것이 아닌 것이다. 장기 이식의 최대 문제는 거부 반응이라고 한다. 우리의 인체가 새로운 장기를 적응하지 못할 경우 결국은 장기 이식은 실패한다는 것이다.

그 동안 많은 기업들이 추구해온 분사화·외주화 방법에 대하여 고민할 필요가 있다. 분사 및 외주화에 있어서 가장 큰 문제점은 시간이 흐를수록 지식이나 경험이 내부에 축적되지 않는 것이다. 하지만 고객의 기호에 맞는 제품을 개발하고 공급하기 위해서는 전체 프로세스가 상호간에 긴밀하게 협조가 되면서 운영되어야만 한다.

외부로 단절된 프로세스가 내부의 조직처럼 운영되는 것에는 한계가 있다. 반대로 외부의 프로세스에 의존하게 되면 종속관계로 변하게 된다. 결국 내부로 다시금 가져오는 경우가 자주 발생한다.

일례로 미국의 많은 기업들이 국내에서 경쟁력이 없다는 이유로 해외로 생산 공장을 이전하였지만 최근에는 다시금 본국으로 되돌아오고 있는 것이다. 문화의 차이, 제도의 차이 등으로 인하여 초기 생각했던 만큼의 효과를 누리기 힘들어서 유턴U-Turn하는 것이다. 장기 이식의 부작용과 일맥상통하는 내용이다.

결론은 업무의 본질을 먼저 이해해야 하는 것이다. 다분히 단기 업적 중심의 효율 향상 지상주의에 빠지다 보면 본질을 망각하고 눈앞의 이익만을 추구하게 되고 위와 같은 실수를 경험하게 되는 것이다.

기업은 '음양' 사상으로 운영 업무의 상호보완적인 관계를 다시 분석하고, 대체 가능 여부에 대하여도 전체의 효율을 고려하여 심도 있게 검토해 전략을 수립하고 실행해야 한다.

은행 번호표의 모든 관공서 확대는 '새치기'가 사라지고 '줄서기' 문화에 기여했다

정보시스템을 개발하는 단계에서는 요구사항을 파악하고 대상이 되는 업무나 내용에 대해 현재 상태가 어떤 수준인지 파악하는 현상 분석 단계를 거친다. 현상 분석을 통해 파악한 문제들을 명확히 하거나 개선 방법과 다를 경우 그 차이를 줄이기 위해 새로운 방법을 설계하고, 이를 토대로 컴퓨터 프로그래밍을 만들어서 사용한다. 그러나 새로운 변화는 곧잘 실패로 귀속된다. 기존 방법에 익숙해진 구성원들의 저항·반대에 강하게 부딪치기 때문이다. 이 경우 새롭게 개발된 시스템은 시간이 흐를수록 사용빈도가 낮아지고 결국 과거로 회귀하는 악순환이 이어진다.

보통 저항과 반대의 주된 이유는 손해 보기 싫어하는 기득권의 의중이 상당수 반영됐기 때문이다. 또한 핵심을 제대로 이해시키지 못했을 때 발생한다. 이 경우 변화에 상당한 시간이 소요돼 단시간 내 변화를 꾀하는 기업은 난감할 수밖에 없게 된다. 이를 타파하기 위해 가끔 제도나 시스템을 먼저 도입해 강제화하고 지키도록 유도하는 방법이 효과적일 수 있다. 지키지 못할 경우 손해를 볼 수밖에 없게 만드는 것이다. 마치 우리가 학창시절 규율을 지키기 않아 엄한 처벌을 받게 됐던 것과 같은 원리다. 이 같은 방법을 통해 고질적 문제를 해결한 대표적인 사례가 바로 은행의 '번호표'다. 과거 우리나라 사람들은 서비스를 받기 위해 줄 서는 것을 습관적으로 싫어했다. 자연히 새치기가 발생했고 규칙대로 줄 서서 기다리는 이들은 손해를 봐야만 했다. 손해를 보게 된 이들이 새치기를 하는 등 악순환이 계속됐다.

정부의 캠페인에도 무용지물이었던 이 악순환은 번호 순번 대기표를 발행하는 작은 기계로 완전히 개선될 수 있었다. 사람들은 번호표를 뽑은 후 줄을 서서 기다리지 않아도 됐고 새치기도 불가능해졌기 때문이다. 단순한 기계 한 대의 도입이 문제점을 깔끔하게 해결한 대표적인 사례라 할 수 있다. 저항도 적었으며 단기간 내 효과가 났다. 번호표 제도는 은행을 시작으로 점차 확대됐다. 극장, 관공서 등 거의 모든 공공장소에서 활용되기 시작한 것이다. 이후 차례를 기다리는 문화가 확산되기 시작했고 줄서기 문화가 정착되는데도 큰 기여를 했다.

표준을 지키지 않거나 변화에 저항이 클 경우 먼저 시스템을 도입해 운영하면서 제도를 정착시킬 수 있는 방법을 '선 시스템, 후 오퍼레이션'이라 설명할 수 있다.

정상적인 방법은 먼저 오퍼레이션에 필요한 프로세스, 절차들을 확정하고 이를 바탕으로 시스템을 개발하는 것이다. 반면, '선 시스템, 후 오퍼레이션'은 사후 발생하게 될 혼란을 최소화하기 위하여 먼저 시스템을 도입하고 이를 운영하면서 새로운 오퍼레이션에 적응해 나가도록 하는 방법이다.

현 수준과 확연히 다른 새로운 제도를 조기에 도입하면서 현재의 리스크를 최소화 하고자 할 때 적합한 방법이다. 새로운 시스템에 대해 정확히 이해하지 못한 상태에서 새로운 변화를 추진하다보면 이를 접한 개개인은 자신만의 방법을 찾아 나서게 된다. 자칫 혼란에 빠지기 쉬운 구조가 돼버리는 것이다. 시스템 도입뿐 아니라 경영에도 적용해 볼 수 있다. 우리 기업들이 선진 제품이나 제도들을 서둘러 도입하면서 겪은 시행착오와도 같은 맥락이다.

예를 들어 국제화, 세계화를 추진하면서 우리와 다른 문화인 현지화 전략은 어떻게 해야 하는지 시행착오를 겪으면서 왜 이런 방법으로 운영을 하고 있는지 우리와 다른 환경과 문화 속에서 만들어진 것에 대한 충분한 이해가 부족한 상황에서 따라가기에 급급했던 상황이다.

초기 몇몇 대기업들이 미국의 AST, Zenith라는 기업들을 인수했었지만 국제화의 개념도 잘 모르고 무엇을 해야 할지 내용 파악도 부실한 상태에서 인수에 실패했던 뼈아픈 경험들이 있다.

처음 경험하는 국제화 경영이어서 직원들에게 자율적으로 맡기었지만 시장 특성, 거래 관행, 물류 흐름 등 모든 것이 파악이 안 된 상황이니 방향 설정이 어려웠고 리스크 통제도 힘든 상황이었다. 결국 부실이 누적되어 관리 불능 상황이 되고 급기야 철수하게 되었다. 본 사례에서 얻었던 교훈이 해외 진출하기 전에 먼저 관리와 통제가 가능하도록 시스템을 확보하고 이를 해외 법인에 이전하여 통제 가능한 범위 안에서 운영되도록 하는 것이다. 먼저 시스템을 확보한 후 법인을 운영하도록 하였다. 법인의 부실이나 잠재 문제들이 사전에 시스템을 통하여 조기 감지할 수 있게 되어 리스크를 감소할 수 있게 되었고 운영의 안정성을 확보한 것이다. 이후 지속적으로 전개된 해외 진출을 원활하게 추진할 수 있었던 밑거름이 되었다. '선 시스템, 후 오퍼레이션'은 특히 '빨리 빨리', '못

먹어도 Go'를 주장하는 내지르기를 좋아하는 우리 민족성에 적합한 방법이라 할 수 있다.

막대한 유·무형 이익을 주는 '기업 정보시스템' 개발해야 한다

정보시스템이란 컴퓨터를 이용해 업무를 처리하는 것을 일컫는 말이다. 이는 기존의 업무 방법보다 신속하고 정확하게 처리할 수 있으며 반복적인 일들에 대한 수고를 덜 수 있다는 장점을 지녔다. 또한 업무의 진행상황을 조회는 물론 축적된 데이터를 바탕으로 새로운 사실을 찾아내거나 문제를 해결할 단서를 발견할 수 있다는 점에서 이점이 있다. 하지만 정보시스템을 구축 및 운영하는 과정은 일종의 '무형의 작업'이다. 눈에 보이지 않기 때문에 실제 관리효과에 대한 이해가 떨어지게 되는 것이다. 하지만 일단 인프라가 갖춰지게 되면 이것이 불러일으킬 효과는 매우 크다. 따라서 개발을 망설이고 있는 업체라면 한시라도 빨리 진행하는 것이 좋다. 우리 실생활과 직접 관련이 있는 국가의 정보시스템 인프라 사례를 통해 정보시스템의 필요성을 설명해보고자 한다.

대표적인 공공 전산화시스템은 민원서류다. 주민등록등·초본 발급 및 가족관계증명서 등 관련 서류 등의 경우 과거 반드시 관할 동사무소를 방문해야 했다. 하지만 전산화가 진행되면서 관할 동사무소의 개념이 사라졌으며 오늘날에는 정부의 민원 포털사이트를 통해 수수료 없이 무료로 발급이 가능하다. 이는 방문·발급신청·대기로 이어지는 개개인의 시간을 절감시켰을뿐만 아니라 발급에 필요한 막대한 규모의 사회적 비용을 절감시켰다. 또 다른 대표적인 전산화 성공사례로는 '연말정산'이 있다. 해마다 연말이 되면 샐러리맨들은 짧게는 2주에서 길게는 한 달여간 연말정산에 매달려야만 했다. 개별적으로 은행·보험회사·병원 등을 방문해 증명서 발급받기를 반복해야 하다 보니 기업 입장에서는 상당한 낭비 요인 중 하나였던 것이 사실이다. 하지만 국세청의 연말정산 간소화 시스템이 운영된 후부터는 간단한 기재사항을 입력한 후 정보 제공에 동의하고 나면 각종 금융·의료·교육기관 등에 사용된 실적들이 자동으로 집계돼 이용자는 물론이고 기업들의 만족을 이끌어 냈다. 증빙자료들을 복사하는 과정에서 소비되던 종이를 절감할 수 있고 무엇보다 개개인의 시간을 절감시켜 업무에 집중할 수 있게 됐다는 점에서 근로자와 기업 모두가 만족할 수 있게 됐다.

연말정산 시스템의 경우 당시 민간 기업 소속이었던 필자의 지인이 공공기관 최고정보관리책임자CIO로 파견돼 있는 동안 구축된 것이다. 당시 공공기관 등에서는 전산화 시스템에 대한 필요성을 심각하게 느끼지 못했던 것이 사실이다. 하지만 외부인의 시각으로 해당 시스템의 도입 필요성이 제기되면서 구축된 것이다. 민간기업과 공공 부문 간 인적 교류의 필요성을 새삼 느낄 수 있는 부문이다. 전산화가 이뤄지던 초기에는 계좌를 개설한 은행에 가야지만 금융 거래가 용이했다. 또한 무통장입금 및 계좌이체를 하면 상대방은 하루 정도 지난 후에 이를 확인할 수 있었다. 컴퓨터의 자료 처리가 실시간으로 이뤄지지 않았으며 일정 기간 정보를 축적한 후 한 번에 처리하는 방식을 이용했기 때문이다. 당시에는 보통 은행 영업시간 마감 후 이 같은 정보 전송이 이뤄졌다. 오늘날 과거의 모습은 찾아볼 수 없다. 인터넷뱅킹·모바일뱅킹 등 언제 어디서든지 금융거래를 할 수 있는 여건이 마련된 것이다. 은행업계의 전산화가 개선되면서 금융거래를 위해 소비됐던 시간이 현저히 줄었다.

국가는 국민의 편의를 위해 사회간접자본을 구축한다. 그 동안 도로·항만 등 주로 2차 산업에 집중돼 사회간접자본이 구축돼 온 것이 사실이다. 이제는 그런 개념에서 벗어나 서비스산업 및 정보산업차원의 인프라 구축이 필요하다. 사실 많은 발전이 있어 온 것이 사실이다. 초고속 인터넷망이 구축돼 신속한 정보교환이 가능해졌다. 우리나라의 인터넷망은 세계 최고 수준을 자랑한다. 그러나 소프트웨어 중심의 인프라 구축은 여전히 미비하다. 개별 기업들은 소프트웨어 중심의 인프라구축 투자에 소극적일 수밖에 없다. 효과에 대한 불확실성과 막대한 자금조달이 발목을 잡고 있기 때문이다. 하지만 정보 인프라를 구축할 경우 파생되는 국가 차원의 유·무형 효과는 엄청나다.

정부 당국이 행정망 구축을 통해 막대한 유·무형의 이득을 거뒀듯이 일반 기업들도 업무의 생산성 향상을 위해 정보시스템 구축에 한발 더 가까이 다가가기를 바란다.

기업 정보시스템은 원활한 교통흐름 만들어 안전 운행을 유도하는 만능 도우미다

기업 정보시스템은 전사全社를 대상으로 하기 때문에 구축하는데 오랜 시간과 많은 자원이 필요하다. 인프라 성격이 강한 기업 정보시스템은 투자 대비 효과 분석이 어려워 기업들은 시스템 도입 여부를 망설이게 된다. 구축에 앞서 실효성 논의가 많이 이뤄지지만 쉽게 결정을 내리지 못하는 것이다. 대표적인 기업 정보시스템은 전사자원관리ERP, 공급망관리SCM, 제조실행관리MES, 기준정보관리MDM 등이다. 교통 인프라와 비교해 이를 설명하고자 한다.

ERP(Enterprise Resource Planning) vs 고속도로

ERP는 기업에서 매일 운영되고 처리되는 부서의 업무들에 대해 실물과 재무 정보들이 일치할 수 있게 관리해주는 시스템이다. ERP를 이용하면 통합 정보관리 기능이 가능해진다. 한 부서가 데이터를 작성하게 되면 다른 부서들이 공유할 수 있게 돼 별도의 추가 작업 없이 정확하고 신속한 업무처리가 가능해진다. 예를 들어 각 부서의 업무들이 서로 밀접하게 연동된 상태에서 원부·자재를 구매할 경우 ERP를 통해 구매이력 및

대금 지불 정보가 통합관리되고, 제품을 판매했을 때 대금회수 정보도 같이 관리된다. 사람들은 자동차로 이동할 경우 국도를 이용하기도 하고 고속도로를 이용하기도 한다. 국도나 지방도를 이용할 때는 길이 곧지 않아 감속과 과속이 잦고 신호가 많아 교통 흐름을 저해한다. 반면 고속도로의 경우 도로가 넓고 곧아 신속한 이동이 가능해진다. 과거 우리나라는 서울·부산 왕복이 쉽지 않았던 것이 사실이다. 그러나 경부고속도로가 개통되면서 왕복 시간이 단축됐다. 경부고속도로 개통 초기 정부는 전국이 '일일생활권'이 됐다는 홍보를 했었다. 최근에는 KTX가 등장하며 일일생활권은 반나절 생활권으로 변화했다. 신속한 이동수단이 생활의 변화를 가져오듯이 신속한 업무 처리 역시 기업의 운영에 변화를 가져 온다. 정보의 고속도로라 부를 수 있는 ERP는 중복작업을 배제하고 데이터의 투명성을 확보할 수 있으며 다양한 관점의 이력관리 및 분석이 가능해져서 생산성이 향상된다. ERP는 일종의 업무 인프라다.

SCM(Supply Chain Management) vs 교통관제

SCM은 공급망관리다. 제품을 생산해서 판매하기 위해 필요한 자원의 소요를 계획하고 원·부자재들을 적기에 공급해야 한다. 완성된 제품도 고객이 원하는 적기에 공급하기 위해서는 주문부터 제품 공급까지 전 과정이 매끄럽게 돌아가야 한다.

이를 위해 가시성 확보가 필요하다. 전 공급망의 물류와 정보의 흐름을 정확하게 모니터링 할 수 있어야 하는 것이다. 어느 곳에 정체(재고)가 있으며 계획한 대로 생산이 이뤄지는지, 판매가 달성되는지 알아야 한다. 교통흐름을 정체 없이 매끄럽게 하기 위해서는 도로망에 대한 가시성 확보가 필요하다. 어느 교차로에 차량이 몰리고 있으며, 어느 시간대 정체가 극심한지 등에 대한 정보 확보가 필요한 것이다.

이 같은 정보가 확보된다면 신호체계 변경, 좌회전 금지 등과 같은 조치를 통해 차량의 정체나 막힘없는 통행이 가능해 질 것이다.

MES(Manufacturing Execution System) vs 도로망 관리

MES는 제조현장의 운전 현황을 실시간으로 조회하고 통제하는 기능을 갖고 있다. 각종 설비들의 운전 현황을 모니터링 해서 가동률을 파악할 수 있다. 또한 제품의 생산 수율을 관리해 목표 대비 실제 수량 차이를 분석하고 불량품 발생 시 원인 추적이 가능해진다. 이를 위해서는 각종 다양한 센서들이 제조현장에 설치돼야 한다. 이 센서들은 제조현장의 정보들을 실시간으로 감지하고 그 결과를 피드백 한다. 이는 도로의 교통 현황을 모니터링 하기 위해 필요한 각종 센서들과 비교할 수 있다. CCTV, 하이패스, 과속 탐지기, 도로 결빙 방지를 위한 염화칼슘 분사기 등이 제 역할을 하기 위해서는 차량 이동현황, 노면 상태 등을 감지돼야 한다. 이때 센서를 통해 공급된 데이터들은 축적돼 사후 특정 사건의 추적 및 범죄자들의 이동 경로를 분석하는데도 유용하게 활용되고 있다.

MDM(Master Data Management) vs 교통 표지판

MDM은 데이터 중에서도 여러 사람들이 공용으로 사용하거나 여러 시스템에 제공되는 기준이 되는 데이터를 일컫는다. 공용이기에 데이터가 정확하지 못하면 전 부서에 혼란을 야기한다. 서로 다른 기준으로 데이터를 분석하면 잘못된 판단을 유발시켜 정확한 의사결정을 방해한다.

뒤늦게 데이터 오류를 찾아내도 광범위하게 엮여 있을 경우 관련된 시스템이나 부서를 찾아내는데 애를 먹기도 한다. 만약 이익을 산출하는 방법이 다르면 결과도 상이할 것이다. 공시해야 하는 데이터가 맞지 않을 경우 큰 낭패를 볼 수도 있다. 따라서 공용으로 사용될 데이터들에 대해서는 산출 공식, 정의, 데이터 추출방법 등에 대한 표준 설정이 필요하며 적절한 관리·통제를 실시해야 한다. 부품 구성표(BOM: Bill of Material), 고객 및 협력업체 코드, 부서별 계정코드 등이 대표적인 기준 정보라 할 수 있다.

기준 정보들이 정확히 관리되지 않을 경우 발생하는 재무적 악영향은 불용재고들이 쌓여 가는 것이다. 거의 유사한 기능을 제공하는 부품들을 단지 제조사가 다르다는 이유로 별개의 코드로 관리할 경우 관리 품목이 기하급수적으로 늘어나게 될 것이다. 이를 방지하기 위해서는 표준화 및 단순화 과정이 필요하다.

교통 표지판도 교통 인프라에 있어 기준화된 정보라 할 수 있다. 지방마다 서로 다른 교통 표지판을 사용한다고 가정해보자. 이 경우 타 지역에서의 이동 및 운전은 대단한 모험이 될 것이다. 운전석이 좌측에 있는 나라의 운전자가 우측에 있는 나라에 가서 운전할 때 일으키는 혼란도 대표적인 예라 할 수 있다. 정돈된 교통 표지판과 잘 다듬은 법규가 있어야 안전 운전이 가능해진다.

오행의 원리 속에는 기업의 정밀한 질서요소가 있다

끊임없이 자신의 모습을 바꾸는 우주 만물에는 정밀한 질서가 존재한다.

'오행五行'은 우주의 질서이자 자연을 바라보는 동양인들의 시각이다. 우주에는 태어나고, 성장하고, 수렴하고, 저장하는 순환 사이클이 있다. 그리고 이런 변화를 동반하는 과정을 중재하는 기운이 있다. 앞서 언급한 네 가지 순환 기운과 이를 중재(변화)하는 기운을 오행이라 일컫는다. 생장화수장生長化收藏 개념은 시간, 공간, 계절 등 다양한 분야에 변화 적용된다.

시간을 오행의 관점으로 보면 태어나게 하는 생生 기운, 성장하게 하는 장長 기운, 수렴하게 하는 수收 기운, 응축하고 저장하는 장臟 기운 및 이들 변환 과정을 중재하는 화化 기운으로 볼 수 있다.

이 다섯 가지 기운들은 다시 음과 양으로 나뉜다. 생장과 성장의 기운은 팽창하는 기운으로서 양의 기운에 해당되고, 수렴과 저장하는 기운은 수축하는 기운으로 음의 기운에 해당한다.

이처럼 음양으로 변화하는 오행의 기운들로 시간적 변화를 설명할 수 있다. 모든 만물은 태어나 성장하지만 영원히 성장을 지속하지는 못한다. 새로운 탄생을 위하여 다시 기운을 수렴하고 응축한다. 시간의 흐름과 함께 이 과정이 계속 반복되는 것이다.

오행을 공간적 개념으로 살펴보면 첫 번째 양의 기운은 나무(木)이다. 나무는 씨앗으로 시작하여 싹을 틔우며 생명을 탄생시키는 기운을 갖고 있다. 두 번째 양의 기운은 불(火)이다. 활활 타오르는 불은 실체를 산화시키고 발산시켜 없어지게 하는 기운을 갖고 있다.

오행개념	陽		변환	陰	
시간	生	長	化	收	藏
공간	木	火	土	金	水
사람	幼年	少年	歲月	壯年	老年
기업	胎動	成長	革新	成熟	衰退
자연	春	夏	換節期	秋	冬

반면 첫 번째 음의 기운은 쇠(金)다. 쇠는 단단하게 굳은 물질이지만 열을 받으면 녹아서 액체로 수렴하는 음의 기운을 갖고 있다. 두 번째 음의 기운은 물(水)이다. 수증기는 응축되면 이슬이나 물방울로 결정을 이룬다. 나무와 불과 같은 양의 기운이 음으로 전환되는 것을 중간에 매개하는 것이 흙(土)이다. 흙은 모든 만물을 덮어 음과 양을 동시에 포용하고, 음양의 전환을 주관한다.

기업을 오행의 시간적 개념과 비교하면, 비슷한 과정을 겪는다는 것을 알 수 있다. 기업은 설립과 더불어 태동기를 맞이하고, 양적 성장에 해당하는 성장기와 내적 성장에 해당되는 성숙기를 거친 후 쇠퇴기를 맞아 새로운 탄생을 준비하게 된다.

기업은 각 단계들이 매끄럽게 전환할 수 있도록 혁신을 추진하는 것이다. 준비되지 않은 상황에서 발생하는 갑작스러운 고도의 성장은 '성장통'과 같은 고통을 가져오게 된다. 반면 준비를 하지 못한 상황에서 쇠퇴기를 겪게 되면 기업은 공황 수준의 장애와 구조조정의 아픔을 동반할 수 있다.

우리가 매일 접하는 자연은 변화하며 계절을 만들어 낸다. 만물이 태동하는 봄을 시작으로, 산천초목이 성장하는 여름이 지나면, 오곡백과가 무르익는 가을이 오고, 모든 것을 저장하고 응축시키는 겨울이 온다. 그리고 계절이 지나는 순간에는 음양의 변화를 중재해 주는 환절기가 놓이게 된다.

오행의 공간적 개념은 기업 운영 프로세스와 접목해 볼 수 있다. 기업이 지속적으로 성장하기 위해서는 새로운 제품이나 서비스를 개발(木)해야 한다. 이는 자연에서 새로운 새싹이 돋아나 성장의 기반을 마련하는 것과 유사하다.

시장에서 아무리 지배적인 위치를 차지하고 있는 제품이라도 시간이 지나가고, 고객들의 기호가 변화하고, 경쟁자들의 추격이 계속되면 수명을 다하게 된다. 기업의 성장을 뒷받침할 새로운 제품이 출시되지 않을 경우 기존 제품은 성숙기에 접어들고, 사양길을 걷게 되는 것이다.

개발된 시제품이 정상 생산되기 위해서는 필요한 자재, 부품, 원·부재료 및 각종 유틸리티와 설비 등이 준비돼 있어야 한다. 필요한 모든 것들을 공급하여 마치 심장이 우리 몸에 혈액을 필요한 모든 곳에 공급하는 것과 같은 기능을 하는 것이 구매 업무(火)이다.

원활한 구매 지원이 없으면 제조 과정은 시작도 할 수 없다. 구매는 싸고 품질 좋은 자재들의 적기 공급 역할만 있는 것이 아니고, 제품 설계 단계에서부터 같이 참여해야 한다. 이를 통해 설계 변경 등 변동 요인을 사전에 발견해 불필요한 구매로 이어지는 낭비를 제거할 수 있다.

다음은 중재와 변환을 주도하는 제조 업무(土)이다. 개발에서 시작된 새로운 제품을 설계대로 생산하여 제품을 만들어 내는 과정으로서 부품들을 변환하여 제품을 만드는 과정이다. 정해진 규격대로 만들어진 최상의 품질과 가동률 극대화와 최고의 생산효율을 통한 최저 원가 및 최고의 품질을 추구하게 된다.

이어 완성된 제품을 고객에게 전달하는 물류 업무(金)가 있다. 고객의 주문에 따라 영업에서 약속한 납기에 맞추어 만들어진 제품을 적기에 시장에 공급하여 매출을 발생시켜야 한다. 고객과 약속한 납기에 정확히 공급하면서 고객 만족도를 높이고 부실 재고 방지를 위한 적정 수준의 재고를 유지해야 한다.

마지막으로 판매되고 난 다음 고객으로부터 대금을 지급 받아 이익을 보관하게 되는 재무 업무(水)가 있다. 재무에서는 매출을 통한 자금을 회수하는 것 외에도 판매를 위해 투입된 원가와 손익을 동시에 관리하는 기능을 수행한다. 앞서 프로세스 음양 쌍에서 제시했던 개발·구매·제조·물류·재무의 다섯 가지 기능이 목·화·토·금·수의 오행과 접목된다.

이상에서 볼 수 있듯이 우주 공간과 시간 속에서 살아가는 우리는 오행의 기본 흐름 속에서 생활하고 있으며 오행은 만물에 공통적으로 적용되는 자연의 이치이다.

기업에도 사람의 정(精)·기(氣)·신(神)·혈(血)이 있다

『동의보감』에서는 우리 몸을 순환하는 정기신혈에 대해 설명하고 있다. 정기신혈을 기업 인프라와 연계해서 신진대사 과정을 기업운영상 정보의 흐름으로 살펴보겠다. '정精'은 생명의 원천이며, 특히 정액은 생명을 유지하는 근본이므로 소모하기만 하고 보태주지 않으면 정액이 줄어들고 몸이 피곤해진다고 하였다. 무엇보다도 정을 잘 간직해야 한다. 함부로 내보내서는 안 되는 매우 중요한 것이다.

기업의 입장에서 풀어보면 아마도 기업이 처음 탄생할 때 많든 적든 자본금을 만들어 창업을 하게 된다. 이후 자본금은 회사의 성장에 따라 증가할 수도 있고 회사 경영이 악화될 경우 마치 정액의 고갈처럼 자본금 잠식이 발생하여 생명이 위태로워질 수 있을 것이다. 그러므로 기업을 운영함에 있어 돈(자금)의 관리가 무엇보다도 중요한 것이다. 흑자도산, M&A 등의 경우를 보면 기업의 각 기능들이 정상적으로 운전이 되더라도 자금의 흐름이 막히게 되면 흔히 표현하는 '돈맥경화(동맥경화를 빗댄 표현으로서 돈의 흐름 막히는 경우)'로 인하여 고전을 면치 못하게 된다.

따라서 자금의 흐름을 정확히 파악하고 변동에 대응해야 한다. 특히 자금 자체만의 관리가 아닌 물동의 흐름에 따라 대금 지불 및 회수 등의 행위가 장부상의 수치와 항상 일치되도록 관리하여 생명을 보존해야 한다. 장부와 실물이 맞지 않을 경우 잘못된 의사 결정으로 인하여 자금난을 겪게 될 수도 있다.

기氣는 우리 몸을 순환하면서 기운을 북돋게 해주는 일종의 에너지의 흐름이다. 일상생활에서 자주 사용하는 '기가 막히다', '기가 막혀 죽겠다' 등의 표현은 기의 흐름이 원활하지 못해 이상이 생기는 것을 표현한 것이다.

우리는 음식을 먹고 난 뒤 소화 과정이 잘 되지 않으면 '체했다'는 표현을 쓴다. 우리는 음식물을 소화해 영양분을 흡수하고 온몸에 골고루 공급되기도 한다. 그러나 이 과정이 제대로 작동을 하지 않고 쌓이게 되면 체한 상태가 되는 것이다. 이러한 막힘을 뚫어 줘야 소화도 잘되고 신진대사가 원활하게 이루어진다.

기업도 원료를 투입하고 제조하여 제품을 만드는 과정이 마치 우리가 음식을 소화시키는 과정과 유사하다. 각 과정이 원활하게 운영되지 않을 경우 각 과정 중간에는 일명 재고로 표현되는 반제품들이 쌓이게 된다. 팔다 남은 제품이 투입 비용도 건지지 못하고 폐기되는 경우도 있다. 기업에 재고가 많다는 것은 내부 운영의 흐름이 원활치 못하다는 반증이다. 기업들은 재고를 줄이거나 아예 없애는 방법을 고민한다.

사람이 기의 흐름에 문제가 생기면 병에 걸리는 것처럼 기업도 물류의 흐름이 원활치 못하면 각종 낭비와 불합리가 쌓여 기업병에 걸리게 된다. 흐름을 원활하게 해야 하는 이유가 바로 병에 걸리지 않기 위함이다.

'신神은 정신'이라고 표현하는 것은 신이 물질적이거나 형체가 보이지 않는 무형의 형태로서 감정과 심리를 담당하고 있기 때문이다. 기업 내에서 이루어지는 자금의 흐름이나 물동의 흐름은 이동경로마다 '정보'라는 수치화된 데이터를 발생시킨다.

기업의 모든 활동과 무형의 현상은 데이터 또는 정보로 볼 수 있다. 기업들은 이를 통하여 내부 활동을 수시로 모니터링하고, 각 부분별로 이상 발생 유무를 확인하고, 문제가 발생할 경우 원인을 분석하며 대책을 강구한다.

21세기의 기업들은 정보의 홍수 속에서 살고 있다고 해도 과언이 아니다. 수작업이나 몇몇 전문가들의 경험을 통해서 파악하고 관리하기에는 한계에 이르렀다. 그렇기 때문에 대부분의 기업들이 정보화에 투자를 하고 정보시스템을 운영하고 있는 것이다. 현대 사회에서는 거의 전 영역이 프로세스화 되고 정보시스템화 되어 있다.

우리는 일상생활에서 '정신이 나갔다'는 표현을 사용한다. 육체는 온전한데, 행동은 정상이 아닌 경우이다. 어떤 사람의 행동이 도저히 상식으로 이해되지 않는 상황처럼 기업에 있어서 운영에 필요한 정보가 충분히 없을 경우 모든 인프라나 설비들이 어떤 비정상적인 작동을 하고 있는지 파악하기가 어렵다. 이럴 경우 의사 결정을 하기가 어려워지고 시간도 오래 걸린다.

혈血은 기氣와 짝을 이루면서 우리 몸의 구석구석까지 돌아다니며 체온 유지, 영양분 공급, 호흡작용 등을 도와준다. 온몸을 순환해야 하기 때문에 기가 먼저 통하여 지나가면 혈이 뒤따른다. 이후 오장을 거쳐 육부까지 이동하게 된다. 만약 어느 한 곳의 기가 막히게 되면 혈의 흐름도 지장을 받기 때문에 몸에 이상이 생기기 시작한다.

앞에서 정·기·신을 기업의 관점에서 재무·물동·정보로 표현하였다. 재무·물동·정보의 흐름도 기업 경영에 있어서 매우 중요하다. 자금의 흐름이 물동의 흐름과 일치하지 않을 경우 자금 운영에 차질이 발생하고 고객 및 협력업체들과의 거래에 차질이 발생할 수 있으며 회계처리 미흡으로 인한 감사를 받게 될 수도 있다.

물동의 흐름이 이동 단계마다 실제 발생하고 있는 정보와 다르게 관리될 경우 문제가 발생할 수 있다. 현장의 운전 현황을 정확히 파악하지 못하면 불필요한 작업지시가 추가로 발생할 수 있다.

현장 재고 정보와 장부상의 재고 정보가 다를 경우 결산 시 정보를 수정하기 위하여 많은 노력과 인력이 투입되는 악순환을 겪게 된다. 재무와 관리의 계산법 일치를 경리와 관리의 일치라 하고 이를 '경관일치'라 부른다.

기업에서는 정보와 물동의 일치, 재무와 물동의 일치, 경리와 관리의 일치가 매우 중요한 요소 중의 하나이다. 이 세 가지가 정확히 일치해야만 정확한 정보를 바탕으로 정확한 의사 결정을 할 수 있기 때문이다.

이상에서 살펴본 바와 같이 '기업은 사람이다'라는 말을 통해 기업을 의인화했다. 이를 통해 인체의 신진대사와 동일한 기능을 하는 운영업무들, 정신과 에너지의 흐름에 해당하는 정보, 제품의 발생과 이동 과정을 관장하는 정보시스템 등이 있다는 것을 확인할 수 있었다. 우리 몸에 대한 이해가 높아질수록 기업의 운영에 대한 이해도를 높일 수 있는 것이다.

핵심 자원이 한쪽으로 쏠리면 기업 전체가 질식사 한다

몸의 균형 상태가 깨진 '음허화동'과는 다르지만 이와 비슷한 상생의 균형이 깨진 상황에 대하여 알아보자.

기업을 운영하다 보면 어느 특정 프로세스나 부서에 많은 자원들이 할당되는 경우를 종종 볼 수 있다. 이는 태생적으로 발생할 수도 있고, 최고 경영자의 경험이나 관심 때문에 발생할 수도 있다.

만약 어떤 기업이 제품 개발 기술을 중심으로 설립되고 성장했다면 다수의 구성원들은 기술 개발이 핵심 역량이라 믿고 우수한 인력과 자원을 기술 개발에 투입할 것이다. 만약 최고 경영자가 영업으로 성공 사례를 경험했다면 이 조직은 자연스럽게 영업 중심으로 쏠리게 된다. 한마디로 편중 현상이 발생하게 되는 것이다.

과유불급過猶不及은 무엇이든 지나친 것은 미치지 못한 것보다 못하다는 뜻이다. 일반적으로 넘치는 것이 부족한 것보다는 낫다고 생각하기 쉽다. 그러나 실상은 비우는 것이 더 어렵다.

예를 들면 냉장고는 채우기는 쉽다. 냉장고를 쓰다보면 노력하지 않아도 이내 음식물로 꽉 차게 된다. 그러나 한번 채워진 냉장고를 비우는 것은 마음먹고 몇 시간을 투자해야 할 정도로 어렵다.

과유불급이 기업에 생기게 되면 어떤 현상이 벌어질까? 일단 조직 내 분위기는 심각해진다. 소위 힘 있는 부서로 모든 관심과 자원이 집중되고, 힘이 없는 부서는 항상 뒷전으로 밀려나게 된다. 이런 부서는 구성원들조차도 패배의식에 사로잡히게 된다.

최근 우리나라 기업들은 잦은 환경 관련 재해들로 골머리를 썩고 있다. 생산성 향상 측면에서 보면 가끔씩 발생하는 환경 안전은 우선순위에서 밀리게 된다. 특별한 관심이 필요한 작업임에도 비용절감 차원에서 외주화 했다. 우수 인력을 확보하지 않아 평균 수준을 깎아 내리는 결과를 가져왔다. 이러한 쏠림 현상이 발생하게 되면 전체 최적화의 사이클이 깨져 상대를 해치게 된다. '수승화강'이 '음허화동'이 되는 것처럼 말이다.

개발부문에 자원이 편중될 경우, 다시 말해 조직의 많은 역량이 개발에 집중되고 개발이 난무할 경우, 신제품 개발이 너무 과다하여 내부 역량을 벗어나게 된다. 부문별하게 증가하는 다양한 제품들로 인하여 구매에서는 관리의 복잡도가 증가하게 되고, 이를 수용할 준비가 안 될 경우 원부재료 조달 및 재고관리에 문제가 발생하게 된다.

잦은 설계 변경이나 긴급 자재 수급 요청들이 빈번하게 이루어지다 보면 자재 부족에 의한 생산 중단 가능성이 높아지게 된다. 이를 방지하기 위하여 원부자재 재고를 비축하게 되는데, 이에 대한 재고 관리가 정확히 이루어지지 않을 경우 제품 단종에 따른 불용 재고들이 증가하게 된다. 이런 경우 개발에서의 변동을 흡수하기 위해 적정 수준 이상의 원부자재 재고를 보유하는 문제가 발생한다.

다음은 구매 부문에 자원이 집중될 경우다. 부품 조달 시 품질보다는 구입 가격에 비중을 두고 원·부자재를 공급할 경우 제조에서는 생산 과정에 있어서 불량 자재에 의한 불량 제품을 만들게 되어 생산성이 저하된다.

제조 부문에 자원이 집중되게 되면, 수립된 생산계획대로 진행이 되지 않을 수도 있다. 계획대로 제조를 진행하는 것보다 자체 수율 향상을 위해서 제조 시 생산성이 높은 제품 중심으로 제품을 생산하는 경우들이 발생한다.

이런 행동은 다음 단계인 물류에 잦은 출하 변경을 유발시키게 되므로 물류 역시 이러한 변동 요인을 커버하기 위해 재고를 필요 이상으로 확보하게 되고 운송 지연, 변경으로 인한 물류비의 증가를 초래한다.

물류는 고객에게 제품을 전달하는 측면에 있어서 출하와 영업과 공통점이 많으므로 영업으로 갈음해 현상을 설명할 수 있다. 영업목표 달성을 위하여 밀어내기식의 판매가 발생할 경우 비록 매출은 기록하지만 실제 장부상에는 판매대금이 입금되지 않는다. 즉, 판매는 되었으나 장부에 기록되지 않은 일종의 유령 재고가 발생하여 장부와 실물의 불일치가 발생하게 된다. 심지어는 '월말 선매출, 월초 재반납'이라는 부조리도 발생한다.

재무의 관리 및 통제 기능이 강화될 경우, 신제품 개발에 있어서 투자의사 결정 기준을 투자 회수율과 같은 전통적인 재무지표 중심으로 결정하면 신제품 개발계획에 차질이 발생할 수 있다. 재무적 관점에서의 제품 개발 결정을 내릴 경우 때로는 시장에서의 유행이나 고객의 요구사항이 제대로 검토되거나 반영되지 못한 상태에서 신제품 개발이 중단돼 기회 손실을 유발하는 경우가 발생할 수도 있다.

벤처기업들이 급격한 성장에 의하여 세간의 이목을 집중시키다가 무리한 확장으로 인해 어느 날 갑자기 몰락하는 사례들을 과유불급으로 설명해보자.

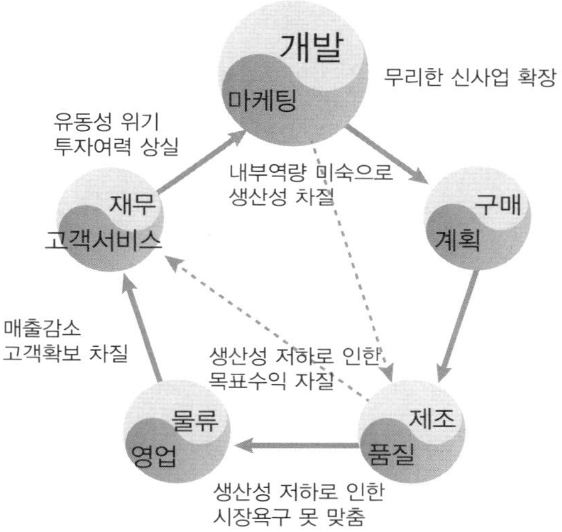

이들의 공통점은 외적 성장을 위해 새로운 분야에 투자를 한다는 점이다. 특히 신속한 성장을 위하여 M&A 또는 사업확장을 활용하고 있다. 왼쪽 그림을 보면 개발 부문에서 과유불급이 발생하는 것을 볼 수 있다.

성장이 나쁘다는 것이 아니다. 그러나 기업 내 기능들이 균형을 맞추면서 발전을 해야 전체 최적화가 가능해지고, 모든 연결 고리가 골고루 튼튼하게 유지될 수 있다. 무분별한 개발과 확장, 다시 말해 구매나 제조 등 나머지 기능이 충분히 역량을 확보하지 못한 상황에서 새로운 제품들이 쏟아져 나오기 시작하면 급성장하는 개발의 힘에 짓눌려서 기업 전체가 질식하게 된다.

구매나 제조 등이 질식하여 생산성이 낮아지고 원가가 상승하게 되면 시장의 요구를 맞추기 힘들어 진다. 신제품들이 시장에서 제대로 경쟁력을 갖추지 못하게 되면 계획된 포트폴리오 상 수익의 차질을 가져올 것이고 이는 자금 흐름의 유동성 위기까지 야기할 수 있는 것이다.

무리하게 사업 확장을 하던 기업들은 공통적으로 유동성 위기를 불러온다. 사업 확장만이 능사가 아니고 다른 내부 기능들이 충분히 확장의 속도를 따라 올 수 있는지 확인을 하면서 보조를 맞추어 성장할 수 있도록 해야 한다.

쏠림현상(과유불급)을 해소하기 위해 강조하고 싶은 사항은 일종의 상향평준화이다. 기업마다 이익 부서, 비용 부서를 구분하고 있고, 비용 부서들은 상대적으로 중요도에서 뒤처지는 평가를 받는 경향이 우세하다. 하지만 전체 최적을 고려하고 전체 수준을 향상시키기 위해서는 버리거나 포기해서는 안 되는 것들이다.

기업의 규모가 커질수록 필요악 차원에서도 가져가고 관리해야 하는 프로세스들이 존재한다. 우리 몸의 어느 곳 하나도 불필요한 것이 없듯이 기업의 구성 요소들도 유사시를 대비해서 다 필요한 기능들이다. 이를 단순히 비용과 효율 측면에서만 볼 것이 아니고 리스크 관리 차원에서도 점검하고 관리해야 하는 것이다.

회계부정, 환경오염, 지적재산권 보호, 내부 부정 등 발생 빈도는 낮지만 일단 사건이 발생하면 기업에 미치는 영향이 너무 크기 때문이다. 편중된 관리는 새로운 문제를 만들어 낸다. 균형을 맞추는 성장과 관리가 필요하다.

경영시스템 100퍼센트 만족은 불가능, 해법은 '하이브리드'다

과거 소득수준이 낮을 당시에는 양복·양장 등을 구매할 때 맞춤복과 기성복 사이에서 고민하곤 했다. 맞춤복은 몸에 꼭 맞게 재단을 하고, 가봉을 거쳐 처음 재단했던 것과 비교하고, 한두 번 더 확인하고 나서야 완성된다. 내 몸에 꼭 맞지만 주문에서 구입까지 시간이 오래 걸리고 가격이 비교적 비싸다는 단점이 있다. 반면 기성복은 사람들의 키·체형·연령 등을 고려해 표준 사이즈를 정해놓고 미리 만든 옷이다. 모든 사람에게 꼭 맞진 않지만 한 번 입어보고 별다른 흠이 없을 경우 곧바로 구매할 수 있다는 장점을 지녔다. 뚱뚱하거나 혹은 마르거나, 키가 작거나 혹은 너무 큰 사람들에게 기성복 구입이 힘든 것이 사실이다. 때때로 과체중인 사람들이 기성복을 입기 위해 다이어트를 한다는 말까지 나올 정도였다.

앞선 두 가지 방식의 옷은 분명한 차이점을 지녔다. 전자는 다소 불편하더라도 내게 잘 맞는 옷을 고를 수 있다. 후자는 쉽게 구매할 수 있지만 불편할 수 있고, 심지어 옷에 내 몸을 맞춰야할 수도 있다.

최근에는 기술의 발달로 대량 맞춤이 가능해졌다. 개별 체형에 맞는 기성복 제작방식은 아니지만 어느 정도 그룹화된 표준 체형에 맞게 선제작한 후 실제 구매자가 입은 후 피팅 과정을 거쳐 약간의 손만 보는 방식이다. 일종의 하이브리드라 할 수 있다.

기업경영에서도 비슷한 현상이 진행됐다. 특히 정보시스템을 구축하는 과정이 매우 유사했다. 초기 정보시스템은 각 부서마다 필요한 시스템을 구축해 사용하기 바빴다. 각 부서에 특화된 프로세스는 여러 기업들이 공통적으로 사용하는 표준화된 프로세스를 만족시킬 수 없었다. 일종의 맞춤형 시스템이다. 반면 정보시스템에도 일종의 기성복이 등장하기 시작했다. 대표적인 시스템이 ERP(Enterprise Resources Planning ; 기업자원관리)라는 기업 전체의 자원을 관리하는 대규모 시스템이다.

과거에는 부서마다 특화된 시스템을 사용하니 정보 교환에 어려움이 있었다. 또한 매번 수정을 하다 보면 시간과 자원이 많이 소요됐다. 무엇보다 데이터의 정확성을 확보하기 어려웠다. 이를 해결하기 위해 전체 부서 간의 데이터 흐름 및 업무 처리의 통합관점에서 미리 개발된 일종의 '기성복'화된 정보시스템을 제공하기 시작했다. 표준화된 시스템을 사용하자니 입맛에 맞을 수 없었다. 이로 인해 도입 초기 의사결정을 위해 기성복과 맞춤복에 비유하면서 기성복의 필요성을 강조하곤 했다.

물론 맞춤복의 특성과 같이 내 부서에 특화된 시스템을 사용하면 편리하기는 하나 유지보수 비용이 증가하게 되고 시스템을 개선하려면 연관된 다른 시스템까지 변형해야 하기 때문에 이를 다 사전에 파악하고 한 번에 준비하는 것은 매우 어려운 일이었다. 반면 상용화된 기성복 시스템은 제작자가 개선하면 새로운 시스템으로 변경만 하면 되는 것이다. 유지·보수비용이 상대적으로 적게 들고 용이해지는 것이다.

미국 기업들의 정보시스템을 경험해보니 시중에서 구할 수 있는 상용화된 패키지(기성복)를 많이 사용하는 것이다. 패키지의 기능에 자신들의 업무를 맞추면서 전체적인 효율을 향상시키는 방법을 택하고 있다. 반면 우리 기업들은 자체적으로 필요한 기능을 개발해 사용하고자 한다. 맞춤복처럼 내 입맛에 맞는 기능을 만들어 쓰는 경향이 강하다. 때로는 상용화 돼 판매 중인 제품을 똑같이 개발하고 일부 필요한 기능만 사용하는 중복개발도 발생하고 있다.

비용 측면은 미국식 방법이, 사용자 편의성 측면에서는 한국식이 각각 편리할 것이다. 하지만 전체 업무 효율과 비용 측면을 고려하면 두 방법 모두 단점을 갖고 있다 할 수 있다. 이 같은 논란을 불식시키고 표준화된 정보시스템을 활용할 수 있도록 새로운 접근 방법이 도입되기 시작했다. 정보시스템 구축에 있어서도 의류산업과 같은 현상이 벌어진 것이다.

기성복의 특성을 살리기 위해 상용화된 시스템을 구입하되 일부는 사용자에 특화된 기능을 반영하는 것이다. 일명 'customize(주문제작)'하는 것이다. 하이브리드 시스템과 마찬가지다.

가장 보편화된 방식이 기업 업무의 중추적인 역할을 하는 수주·구매·제조·물류·재무·원가와 같은 근간인 업무는 전체 최적화를 위해 일단 ERP이라는 기성복을 도입하고 기업에 필요한 고유의 기능들은 일부 자체개발해 ERP와 접목 후 보완하는 것이다. 기성복의 스피드와 확장성을 동시에 활용하자는 것이다.

정보시스템을 구축하는 것은 궁극적으로 업무를 정형화해 시스템을 통해 변화를 유지하는 것이다. 변화 역시 'Yes or No'식 이분법적 선택을 하기에는 부작용이 많은 것이 사실이다. 양극단의 절충 방안을 찾아

중간 지점에서 변화를 수용하고 시간이 지나면서 다음 단계를 거쳐 궁극적으로 원하는 변화를 달성해야 한다. 이 때문에 하이브리드 개념이 필요하다. 변화의 궁극적인 목적을 잊지 말고 지속적으로 추진해야 한다. 맞춤복과 기성복의 선택의 기로에서 'Fitting'이라는 절충안을 결정하는 것이 정보시스템 구축에도 동일하게 적용할 수 있다.

개인도 기업도 기억력 감퇴한다,
놔두면 악화, 예방해야 한다

오늘날 우리는 소형화된 다양한 전자기기들을 보유하게 됐다. 전자계산기, MP3 플레이어, 휴대폰, 테블릿PC, 디지털 카메라, 스마트폰 등 시대를 따라 다양한 제품들이 개발됐고 이것들이 우리 주변을 둘러싸고 있다.

전자기기들은 나날이 똑똑해지지만 이를 이용하는 사람들은 오히려 기억력이 감퇴하고 있다. 인간이 전자기기에 의존하면서 생긴 일종의 부작용이다. 혹자는 이를 '디지털 치매'라고 표현하기도 한다.

디지털 치매의 대표적인 사례는 휴대폰이다. 초기 휴대폰은 통화만이 가능했다. 그러다가 전화번호 관리를 휴대폰이 대신하면서 가족의 전화번호조차 기억하지 못하는 이들이 생겨나기 시작했다. 아날로그 전화기를 사용하던 시절에는 수첩에 많은 이들의 전화번호를 메모해 필요 시 사용했지만 가까운 이들의 전화번호를 외우고 다녔다. 그러나 휴대폰 전화번호부의 등장으로 이 같은 풍경은 모두 사라졌다.

휴대폰에 저장된 번호를 사람 이름이나 별도의 명칭만 입력하면 자동으로 검색이 되는 방식에 익숙해지면서 번호 자체를 외울 필요가 없어졌다. 전자기기에 익숙해질수록 기억력은 감퇴하기 마련이다. 마치 치매에 걸린 것처럼 기억을 못하는 현상이 나타나고 있다. 이런 현상은 계속 그 범위가 넓어져 중·장년층은 물론 청년들에게까지 확산되는 중이다.

디지털 치매는 또 운전할 때도 나타난다. 과거 모르는 길을 찾아갈 때 운전자는 인쇄된 지도를 사용하는 것이 일반적이었다. 운전자들은 한 권 이상의 지도책을 차 안에 뒀다. 그러나 내비게이션이 등장하면서 점차 지도책은 사라졌다. 내비게이션은 디지털 치매를 넘어 디지털 길치를 양산했다. 내비게이션이 없으면 길을 못 찾는 이들도 생겨난 것이다.

디지털 치매 현상은 기업에서도 발견된다. 생산성 향상과 경쟁력 강화를 위해 기업은 고비용을 투자해 자동화와 정보화를 이뤄냈다. 하지만 컴퓨터 시스템에 문제가 있거나 통신 시스템 등이 바이러스에 감염돼 업무가 중단되는 일이 속속 생겨나기 시작했다. 과거의 경우 특별한 시스템 없이도 해당 업무를 처리할 수 있었으나 오늘날 시스템이 멈추면 업무도 같이 멈추게 됐고 과거와 같이 컴퓨터 없이 업무를 처리하는 능력 또한 점차 감퇴하는 추세다.

정보화 이전 기업 내에서 정보를 공유하던 방법은 문서를 통한 방식이었다. 부서들은 '회람'이란 절차를 거치면서 서로 간 필요한 의사결정 사항을 문서로 교환했다. 하지만 오늘날 많은 기업들은 사내 인트라넷 시스템을 활용한다. 회람 대신 이메일을 이용하기 시작하면서 업무처리 속도가 향상됐다. 간혹 인트라넷 시스템이 장애를 일으키면 그 순간 직원들은 '까막눈'이 되고 사무실은 카오스 상태로 변한다. 처음에 차를 마시러 나가거나 담배를 피우러 자리를 비운 직원들은 시간이 지날수록 아무 일도 할 수 없음에 짜증을 느끼게 되고 납기가 정해진 일을 처리해야 하는 이들은 극에 달한 분노를 느끼기도 한다.

필요한 정보들이 예전처럼 문서였다면 관련 서류를 뒤지면서 일을 할 수 있다. 그러나 거의 모든 서류들이 전산화 시스템에 보관돼 있기 때문에 시스템이 정상 운영될 때까지 모든 업무가 중단되는 것이다. 기업으로서는 엄청난 손해다. 마치 사람들이 휴대폰을 잃어버리거나 고장이 났을 때 기억하는 전화번호가 없어 외부와 단절되는 상황과 유사한 상황이라 설명할 수 있다.

어떤 공정의 운영을 전산화하면 이전에 수작업으로 작업일지를 작성하고 기록하면서 운전 상태를 점검하는 방식은 사라지게 된다. 수작업이 자동으로 처리됨으로 작업자들은 처리된 결과를 모니터를 통해 조회하고 운전의 이상 상태만을 감지하고 조사하는 것이다. 이 방식에 익숙한 작업자들은 시스템이 갑작스럽게 다운됐을 경우 공정을 못 보게 된다. 과거의 작업 방식을 경험했던 이들은 수작업 상태로 전환해 임시로 작업을 처리할 수 있지만 이 같은 경험이 없는 이들은 손을 놓을 수밖에 없다.

이는 비단 공정의 운영에만 해당되는 것이 아니다. 영업, 구매, 물류 등의 업무도 전산화 돼 있으므로 해당 시스템이 다운되면 비상 업무 처리 방법이 막연해지게 된다. 다시 스마트폰 분실과 같은 현상이 벌어지게 된다. 직원들에게는 PC가 스마트폰이며 PC에 연결된 네트워크망은 3·4세대 통신망인 것이다.

모든 것이 디지털화되면서 과거보다 편리해지고 다양한 기능들을 제공받을 수 있게 됐지만 인간의 고유능력인 기억력의 상실이라는 중대 국면에 접한 까닭은 우리가 우리의 능력을 사용하지 않고 첨단문명에 의존하기 때문이다. 그 결과 기기의 도움 없이 아무것도 못하는 사람이 되어 버린다. 인간이 기기의 조종을 받는 로봇화 되는 역설적 상황을 맞이하게 된 것이다. 이를 극복하기 위해서 가급적 기기를 사용하는 시간을 줄이고 아날로그식 방법인 글쓰기, 외우기, 체험하기 등 인간이 할 수 있는 능력을 갈고 닦아야 한다. 또한 우리가 동물과는 다른 사람이라는 사실을 잊어서는 안 된다.

기업도 마찬가지다. 정보시스템 사용으로 인해 입력과 처리만을 수행하는 작업을 지양하고 업무의 본질을 이해할 수 있도록 해야 한다. 전체에 영향을 끼치기 때문에 기업 치매는 개인의 치매에 비해 부작용이 더 크다고 볼 수 있다. 치매의 특징은 놔둘수록 악화된다는 점이다. 악화되기 전에 시급히 치료하거나 예방해야 한다.

기업의 운명 결정은 데이터 통합·분석으로 판단해야 한다

우리는 일상생활에서 언제 정보를 필요로 하는 것일까? 아마도 뭔가를 결정해야 할 경우 정보를 찾으려고 할 것이다.

가까운 예로 여행을 떠날 경우 어디로 가야 좋을지를 결정한다고 하자. 그러면 후보 여행지를 선정하고 여행지 별로 필요한 정보를 수집하게 된다. 나름대로 충분한 정보가 확보되었다고 생각하면 시기와 소요 경비 순으로 결정을 할 것이다. 정보가 많을수록 판단하기가 유리할 것 같지만 대안도 많기 때문에 그 만큼 취사선택이 어렵게 된다. 결국 시간만 허비하다가 비슷한 결론을 내리게 된다.

기업 경영에서 가장 큰 고민은 제대로 된 의사결정을 내렸는지 확신이 서지 않는 일이다. 개인 차원의 결정과 달리 기업에서의 의사결정은 신중할 수밖에 없다. 투자가 잘못되었을 경우 파산까지도 이를 수 있기 때문에 기업 입장에서는 아무리 많은 시간을 고민하고 방대한 정보와 자료를 검토하였다 하여도 항상 부족하다고 생각하기 때문이다. 이런 불안을 해소하기 위하여 사실에 근거한 또는 데이터에 근거한 의사결정이 필요하다. 하지만 사회현상이나 자연현상을 모두 데이터로 표현하는 데는 한계가 있기 때문에 항상 불충분한 정보를 가지고 의사결정을 할 수 밖에 없다.

때로는 직관에 의한 의사 결정이 훨씬 더 정확하다는 말이 나오기도 한다. 그러나 이는 능력자가 내리는 결론에 의존하는 것으로 과학적이라고 볼 수는 없다. 대안으로서 제시된 기법 중의 하나가 비즈니스 '인텔리전스Intelligence'라는 개념이다. 기업이 보유하고 있는 방대한 데이터와 외부에서 제공되는 데이터들을 토대로 과거의 분석, 현재의 수준 파악, 그리고 미래에 가능한 예측 등을 제공하는 방법이다.

과거에도 유사한 정보분석 기법들이 있었지만 기대했던 만큼의 효과를 얻지 못해 시들해지곤 하였다. 하지만 사람의 직관에만 의존하기에는 리스크가 더 커지게 되므로 의사결정을 지원할 수 있는 각종 다양한 분석 정보를 필요로 할 경우 유용한 도구이다.

비즈니스 인텔리전스(Business Intelligence, BI)의 이해를 돕기 위하여 교통 소통과 관련된 정보를 분석하는 사례를 설명하고자 한다. 도로공사에서 제공되는 정보들을 분류해 보면 다음과 같다.

우선 과거의 데이터 통계분석을 통하여 평소 주말의 교통량 및 소요시간을 보여준다. 이는 과거 실적 분석을 통하여 현재와 비교하여 전후 개선을 비교하는 것과 같다. 현재의 상황을 보여주는 데이터로서 톨게이트를 통과한 귀성 차량 대수, 귀성(경) 차량 대수 등의 정보가 있다. 얼마만큼의 차량이동이 있었는지 파악하면서 남은 차량 대수를 계산하여 교통 흐름의 분산을 유도할 수 있는 것이다.

미래를 예측하는 데이터로서 예상 정체 시기, 예상 소요시간, 예상 정체 구간들이 있다. 예측 데이터는 다른 데이터들과 달리 과거 데이터의 종합적인 분석 및 현재 발생한 데이터들과의 연관관계 등을 추가로 분석하여 예측 모델을 만들고 이를 실제 데이터를 반영하여 예측한다. 방대한 양의 데이터를 필요로 하고 컴퓨터에 의한 신속한 분석을 필요로 하는 것이다.

이러한 교통소통과 관련한 다양한 정보들이 제공되므로 운전자들은 비로소 과거보다 제대로 된 정확한 의사결정을 할 수 있게 되었다. 특히 스마트폰 및 내비게이션을 통해서 손쉽게 접할 수 있게 되었으므로 신속한 결정을 내리기가 수월해졌다. 또한 각종 개인화된 IT 기기를 통한 추가 이동경로, 차량 흐름 등을 파악하게 되므로 한층 더 개선된 교통소통 정보를 제공할 수 있게 되었다. 더욱 중요한 것은 중앙집중식으로 도로공사에서만 제공하는 것이 아니라 통신사 등 다양한 민간 사업자들이 참여해 질 좋은 정보를 제공하는 것이다.

그 결과 매년 추석, 구정 명절만 다가오면 각종 언론 매체에서 귀경 예상 시간을 보도하고 있다. 이제는 서울에서 부산까지 소요시간이 과거와 같이 20여 시간씩 소요된다는 기사가 나오질 않고 있다. 10시간 이내로 줄어들었다. 언론 기관들이 예측했던 상황과 달리 과거와 같은 극심한 정체 현상이 빚어지지 않는 것을 볼 수 있었다.

물론 고속도로 및 주요 간선도로들이 확충되었기 때문이라 할 수 있지만 늘어난 차량 대수에 비하면 충분치는 못할 것이다. 여기서 우리가 한 번 추측해 볼 수 있는 것은 각 차량들이 보유하고 있는 내비게이션과 개인들이 보유하고 있는 스마트폰이 많은 영향을 끼쳤을 것이라 할 수 있다.

도로공사에서 제공되는 인터넷 정보 및 실시간 교통상황도 도움을 주었겠지만 실제 도로상에서 움직이는 차들이 실시간으로 교통 상황을 확인하고 비교적 안 막히는 곳으로 안내하는 길을 따라 차량들이 자연스럽게 분산이 되는 관계로 고속도로의 부하가 분산된 것이라 생각할 수 있다. 인터넷, 도로공사 상황실 등 이미 구축된 인프라를 바탕으로 마치 영업사원들이 각각의 컴퓨터를 휴대하면서 업무를 수행하듯이 운전자 각자가 스마트폰을 사용하면서 개인 컴퓨팅을 한 결과 과거에는 상상할 수 없었던 생활의 변화 및 교통통제의 변화가 실현된 것이다.

기업에 있어서도 이와 유사한 일들이 실현 가능하고 이미 운영하고 있는 곳 많다. 다수의 고객을 상대하는 영업사원들이 현지에서 고객을 방문하여 즉석에서 고객이 원하는 정보와 조건들에 대하여 실시간으로 응대하여 고객 만족도를 향상시키고 매출로 연계시키는 일들이 개인 컴퓨팅을 통하여 이루어지고 있다. 다시 한 번 인프라의 중요성이 필요함을 깨닫게 하는 사례이다.

기업 정보 체계화는 능률, 생산성을 높이는 '지름길'이다

내비게이터가 우리 생활 깊숙이 자리한 지 오래다. 초기 내비게이터가 보급될 당시만 하더라도 불만이 더 많았다. 잘못된 안내로 길을 잃게 하기도 했으며 지도 업데이트가 안 돼 구도로를 알려주기도 한 것이다. 제조사들은 이 같은 불만을 개선하기 위해 지속적으로 기능을 보완했다. 이들의 노력으로 시장이 형성됐고 다수의 내비게이터들이 소개돼 제품들 간 경쟁이 이뤄지기 시작했다. 하지만 이 시장에 강력한 경쟁자가 등장했다. 바로 스마트폰이다.

스마트폰이 보급되면서 통신사들은 경쟁적으로 내비게이터 서비스를 시작했다. 여기에 통신사만의 강점이 더해지면서 통신사 내비게이터 서비스 보급률이 급격히 증가했다. 예를 들어 실시간 교통상황 등을 반영한 목적지까지 소요시간 및 도착 예정 시각을 알려주는 기능 등이다. 점차 변화와 발전을 이뤄가는 내비게이터로 인해 부작용도 발생했다. 이제 기기가 없으면 길을 찾아가지 못하는 이들이 증가한 것이다. 그렇다면 내비게이터와 일반 지도는 어떤 차이가 있을까.

가장 큰 차이는 의존도다. 지도는 순전히 개인의 길 찾는 능력에 달려 있다. 자연히 개인차가 발생한다. 능력이 우수한 사람들은 지도를 통해 쉽게 길을 찾지만 흔히 '길치'라고 표현하는 이들은 한 번 다녀와 본 길도 제대로 찾지 못한다. 지도는 표현 정도에 따라 크게 약도와 상세지도로 나눌 수 있다. 약도는 개략적인 방향과 이정표 등만을 표현해 방향감각이 어둡거나 길찾기 힘든 사람들에게는 정확한 길 안내가 어렵다. 상세지도는 비교적 이정표·주소명·도로명 등이 표기돼 있어 웬만한 독도법 이해력만 있으면 목적지까지 쉽게 찾아가기 마련이다.

기업의 업무 처리에서도 이와 유사한 비교가 가능해 보인다. 직원들이 일처리 할 때는 경험과 능력을 이용하기도 하고, 정형화된 업무처리 방식에 따라 처리하기도 한다. 전자는 약도를 이용하는 것과 같고 후자는 내비게이터를 이용하는 것과 비슷하다고 볼 수 있다. 경험과 개인기에는 표준화가 없기 때문에 누가 일했느냐에 따라 결과의 편차가 크기 마련이다. 반면 정형화된 업무는, 특히 전산화가 가능한 업무는 누가 하더라도 비슷한 결과가 나온다. 만약 길찾기 서비스를 콜센터 직원처럼 전화로 각 개인에게 알려준다고 가정해보자. 결국 안내자가 알고 있는 경험 내지는 상세한 지도책을 보면서 안내하는 방법밖에 없을 것이다. 수시로 변화하는 교통 상황을 반영할 수 있는 방법은 없고, 또 개인의 능력에 경험하다보니 제공 정보 역시 지극히 제한적일 것이다. 그러나 정형화된 좌표·경로가 미리 정해져있고 컴퓨터에 의해 제공된다면 비교적 동일한 정보가 이용자들에게 일괄적으로 제공될 것이다. 정보의 질과 이를 취하는 사용자들의 편의성 등이 향상될 것이며, 또 이것이 내비게이터가 추구하는 바일 것이다. 또한 10미터 이내의 오차를 제공하므로 사람이 안내하는 것보다 정확할 수밖에 없다.

기업의 업무도 표준화를 통해 업무의 질을 상향평준화할 수 있다. 컴퓨터 등을 이용해 사람마다 다른 경험과 능력을 표준화해 정형화한다면 개인 편차에 따른 오류수정·중복·재작업 등을 줄일 수 있기 때문이다. 더욱 좋은 것은 작업한 과정 및 결과들의 이력履歷이 남는다는 점이다. 이를 분석하면 처리 과정에서 발생했던 오류를 찾아내 원인을 파악하기 용이해지고 이는 개선의 첫걸음이 될 것이다. 내비게이터가 길찾기 오류를 줄여주고 신속하고 정확하게 방향을 제시해주는 것과 같이 기업의 정보시스템도 업무 처리의 오류를 줄여주고 신속·정확하게 업무를 처리할 수 있도록 한다는 점에서 좋은 비교 사례가 된다.

기업이 정보화를 통해 취할 수 있는 효과가 바로 이런 것이다. 우리는 이제 목적지로 가기 전에 내비게이터를 통해 경로들을 조사하고 어느 길로 가는 것이 빠른지 판단할 수 있게 됐다. 심지어 출발시간대에 따라 소요시간이 달라지는 것 역시 예측이 가능할 정도다. 직원들에게 업무 처리를 하는 방법을 한눈에 볼 수 있도록 제공해주면 길을 찾을 때와 유사하게 사전 업무를 계획하고 좀 더 빠르고 정확하게 할 수 있는 방법을 찾게 될 것이다. 또한 업무를 추진하면서도 수시로 변하는 외부 환경 정보들을 반영해주면 업무수정 및 새로운 계획 수립 기간을 단축할 수 있다.

회사가 정보인프라를 구축해주고 활용을 권장하면 직원들은 이를 통제해 지식근로자가 될 수 있는 것이다. 단순 반복적인 업무는 컴퓨터가 하도록 정보시스템을 제공해주고 직원들은 축적되는 정보들을 분석해 원인을 찾아 해결하게 되므로 생산성은 점차 높아지게 되는 것이다.

현대과학도 모를 '한치 앞',
유비무환의 태도가 필요하다

사람의 힘이 미치지 못하는 징조를 '징크스'라고 한다. 대개 불길한 징조 혹은 재수 없는 일로 치부된다. 징크스라는 부정적 단어 탓에 어떤 습관이 굳어진 경우도 더러 있을 터이다. 징크스 혹은 징크스가 가져온 습관들로 인해 우리는 크고 작은 의사결정 때 큰 영향을 받기도 한다. 그런데 징크스로 인한 행동을 단순히 미신으로 치부해도 될까. 오늘날 우리가 아무렇지 않게 받아들이는 자연 현상들 중 일부는 과거 인류에겐 이해하기 힘든 현상인 경우도 많았다.

천재지변을 두고 하늘이 노했다고 판단해 제물을 바치는 행동을 이어오기도 했다. 하지만 과학의 발달과 함께 숱한 천재지변의 원인이 규명되면서 우리는 자연 현상의 일부로 수용하고 있다. 하지만 여전히 현대과학에서 밝혀내지 못한 부분은 수두룩하다. 대표적인 사례가 지진 혹은 화산폭발과 같은 대규모 자연재해에 앞서 동물들이 대피하는 행동이다.

배가 난파되기 전에 쥐들이 도망가거나 홍수가 나기 전에 개미·두꺼비 등이 이동하는 모습 등이 관찰되는데 아직 이에 대한 과학적 해석이

나오지 않았다. 과학이 미치지 못한 부분을 동물들이 감지하는 셈이다. 본능적이라 치부할 수도 있겠으나 인과관계가 명확하게 규명되지 못한 상태다. 인간은 우수한 두뇌와 두 손을 사용하면서 지식과 도구를 활용해 지구를 지배하고 있다. 하지만 이 과정에서 본능적 직관과 무의식을 잃고 있는지도 모를 일이다. 많은 이들이 미신이라고 터부시 하면서도 힘이 들 때면 또 그 미신에 기대는 모습을 볼 수 있다. 우리 생활과 밀접한 관련을 맺고 있는 이 같은 '미신'은 명리학으로 접근할 수 있다. 사주는 사람이 태어난 년·월·일·시에 60갑자의 법칙에 따른 4개 기둥, 하늘과 땅 2개씩의 글자를 모아서 '사주팔자'라는 여덟 개의 글자를 추려낸다. 이 배열을 통해 일생을 점친다. 물론 사주팔자를 해석하는 이들은 개인의 노력 여하에 따라 변할 수 있음을 강조한다.

일각에서는 미신으로 평가하기 일쑤지만 동양에선 수천 년간 뿌리내려 전해져오고 있는 문화다. 서양에도 '점성술'이란 게 있다. 별자리를 통해 운명을 예측하는 점성술 역시 긴 역사를 자랑한다. 혹자는 사주팔자에 의한 운명을 우주 공간에 로켓을 쏘아 올리는 행위에 비유한다. 로켓은 발사하는 시각의 힘과 발사각도 등에 의해 궤적이 정해지고 그에 따라 움직인다.

우리가 살고 있는 지구는 태양을 따라 공전하고 태양은 은하계의 중심을 향해 공전을 하면서 우주 공간을 항해한다. 그러므로 사람마다 태어난 년·월·일·시에 따라 우주 공간상에서 궤적을 추적할 수 있다. 물론 현재로선 증명하기 힘들지만 먼 훗날 과학이 더욱 발달하게 되면 가능한 일일지도 모른다. 과학적으로 증명할 수 없지만 사람들이 살아온 결과를 놓고 비교해보면 무시하기 어려울 정도로 개연성이 있다. 그래서 무시하기에는 아직 이르다. 징크스나 미신 같은 일상생활의 사건들을 과학적으로 분석하긴 힘들지만, 발생 빈도와 사건들 간 관계를 통해 일정한 패턴을 찾아낼 수도 있다. 어떤 징조 현상들을 무시하지 않고 예방에 활용하는 접근법도 있다.

300번의 징후와 29번의 경고, 그리고 1번의 실패라고 정의하는 하인리히 법칙이 있다. 허버트 하인리히라는 미국의 여행 보험사 직원이 발견해 '산업재해 예방: 과학적 접근'이란 제목으로 소개됐다. 특정한 대규모 재해가 발생하기 전 300건의 아주 작은 사건들이 먼저 일어나고 이 작은 사건들이 모여 29건의 좀 더 큰 사건으로 확대된 후 결국에 1건의 대형 사고가 일어난다고 설명한다. 조직 내에서도 안전사고와 같은 인명사고를 포함하는 중대 재해가 있다. 또 공금횡령처럼 돈과 관련된 대형사고 등도 아무런 예고 없이 발생하는 게 아니다. 여기에도 사실 관리부재라고 하는 감지 체계가 제대로 작동되지 않아서 사전의 계시를 놓치는 바람에 사고가 난다. 폭스바겐의 연비 조작사건도 어느 날 갑자기 발생한 게 아니다. 조직적으로 이루어졌을 터이다. 누군가는 문제점을 발견하고도 한두 번 눈 감아 줬을 것이고 '바늘 도둑이 소 도둑 된다'는 말처럼 부정에 대해 관대해지다 보니 죄책감 없이 부정을 반복했을 수 있다.

최근의 기업 환경은 환경관련 사고나 주주, 고객과 관련된 사고가 발생하면 신뢰도에 타격을 입고 손실이 엄청나게 커지기도 한다. 그래서 많은 기업들이 사전 리스크 관리에 고심하고 있다. 문제는 뾰족한 방법이 없어 구호로만 그친다는 점이다. 하인리히 법칙과 자연현상을 깊이 연구해 단순히 징크스라고 터부시하기보다 데이터 분석 기법 등을 활용해보자. 연관성에 대한 가설을 세우고 분석하는 노력을 통해 상관관계를 발굴하면서 가설을 검증해야 한다.

회사에서도 정보 유출이나 금전적 부정을 저지르는 사람들의 행동 패턴을 읽어야 한다. 종전과 달리 늦게까지 혼자 남아서 일을 하거나, 평소와 다른 행동을 할 수 있다. 그러나 무심히 지나치고, 사건이 터진 뒤 되돌아보면 위와 같은 징후들이 있었음을 확인하게 된다. 이러한 사전 징후를 감지하기 위해 내부통제 시스템이라는 개념이 등장하기도 한다. 직원들의 업무처리 절차와 권한의 중복 등을 사전에 찾아내어 사고를 미연에 방지하자는 것이다.

정보화가 눈부시게 진행되면서 컴퓨터와 주변기기들이 단순 데이터 처리, 계산, 저장 등의 기능으로 인간을 대체하고 있으나 아직 못하는 부분이 있다. 결국 대체 불가능한 부분에서 우리는 유용한 지식을 만들어 낼 수 있다. 지식 근로자들이 필요한 시기에 정형화 되지 않은, 아직 실체가 모호한 현상들을 과학적 분석하고 새로운 패턴을 찾아 재해나 사건을 사전에 관리해야 한다. 이 같은 리스크 관리 툴을 개발하면 경쟁력을 강화할 수 있을 것이다. 부분과 전체가 같은 모양을 갖고 있는 프랙탈Fractal이 있다. 굳이 전체를 보지 않더라도 부분을 보면 전체 모습을 알 수 있다. '부분은 전체를 위해 존재하고, 전체는 부분을 통제하기 위해 존재한다'라는 사실을 되새겨 보자. 무언가 비정상적인 일들이 발생할 경우 유비무환의 자세를 가지고 점검해 사전에 위험을 방지하는데 활용하려는 태도가 필요하다.

참고문헌

1. 데이비드 베인브리지, 이은주 옮김, 중년의 발견, 청림출판, 2013
2. 월터 캐논, 정해영 역, 인체의 지혜, 동명사, 2013
3. 정보철, 고전경영, 글로세움, 2011
4. 한비자, 손영석 편역, 그때, 한비자를 알았더라면, 스타북스, 2014
5. Built to Last, James Collins, Jerry Porras, Harper Business, 1994
6. 김승호, 새벽에 혼자 읽는 주역인문학, 다산북스, 2015
7. 웨이완레이, 양센쥐, 조영숙 옮김, 세상에 쓸모 없는 사람은 없다, 유아이북스, 2014
8. 김태규, 당신의 때가 있다, 더메이커, 2015
9. 진현종, 여기, 공자가 간다, 갑인공방, 2005
10. 이성우, 동의보감, 주역에서 찾은 경영이야기, 안티쿠스, 2014
11. 김민주, 하인리히 법칙, 토네이도, 2008
12. 한규성, 한필훈 엮음, 주역 46가지 질문과 대답, 안티쿠스, 2011
13. 정순길, 과학주역, 안티쿠스, 2011
14. 신원봉, 인문으로 읽는 주역, 2009
15. 이제마, 이민수 옮김, 동의수세보원, 을유문화사, 2011
16. 센딜 멀레이너선, 엘다 샤퍼, 이경식 옮김, 결핍의 경제학, 알에이치코리아, 2014
17. 샤론 모알렘, 김소영 옮김, 아파야 산다, 김영사, 2010
18. 리처드 도킨스, 이한음 옮김, 만들어진 신, 김영사, 2007
19. 김정운, 에디톨로지, 21세기북스, 2014
20. 마이클 해머, 박나영, 한상석 옮김, 빨리, 싸게, 멋지게, 타임비즈, 2010
21. Mikel Harry, Richard Schroeder, Six Sigma, Currency, 2000

22. 전창선, 어윤형, 음양이 뭐지, 와이겔리, 2009

23. 신동원, 김남일, 여인석, 한권으로 읽는 동의보감, 들녘, 2012

24. 고미숙, 동의보감, 몸과 우주 그리고 삶의 비전을 찾아서, 그린비, 2011

25. 리처드 코치, 공병호 옮김, 80/20 법칙, 21세기북스, 2000

26. 짐 콜린스, 김명철 옮김, 위대한 기업은 다 어디로 갔을까, 김영사, 2009

27. 짐 콜린스, 이무열 옮김, 좋은 기업을 넘어 위대한 기업으로, 김영사, 2002

28. 콘스탄티노스 마르키데스, 폴 게로스키, 김재문 역, Fast Second 신 시장을 지배하는 재빠른 2등 전략, 리더북스, 2005

29. 크리스토프 코흐, 이정진 옮김, 의식, 알마, 2014

30. 켄 블랜차드, 조천체 역, 칭찬은 고래도 춤추게 한다, 21새기북스, 2014

31. Robert Kaplan, David Norton, The Balanced Scorecard: Translating Strategy into Action, Harvard Business Review Press, 1996

32. 구본형, 익숙한 것과 결별, 생각의 나무, 1999

33. 이케가야 유지, 이규원 옮김, 교양으로 읽는 뇌 과학, 은행나무, 2005

34. 장정빈, 공감이 먼저다, 올림, 2015